U0078999

山不轉 路×轉

做自己的人生軍師

李翔生 編著

永續圖書線上購物網 讀品文化事業有限公司

WWW.foreverbooks.com.tw yungjiuh@ms45.hinet.net

全方位學習 70

山不轉路轉：做自己的人生軍師

編　　著　李翔生
出 版 者　讀品文化事業有限公司
執行編輯　賴心瑜
美術編輯　姚恩涵

總 經 銷　永續圖書有限公司
TEL／(02)86473663
FAX／(02)86473660
劃撥帳號　18669219
地　　址　22103 新北市汐止區大同路三段 194 號 9 樓之 1
TEL／(02)86473663
FAX／(02)86473660
出 版 日　2017年05月

法律顧問　方圓法律事務所　涂成樞律師
CVS代理　美璟文化有限公司
TEL／(02)27239968
FAX／(02)27239668

版權所有，任何形式之翻印，均屬侵權行為

Printed Taiwan, 2017 All Rights Reserved

國家圖書館出版品預行編目資料

山不轉路轉 : 做自己的人生軍師 / 李翔生編著.
-- 初版. -- 新北市 : 讀品文化, 民106.05
面 ;　公分. -- (全方位學習系列 ; 70)
ISBN 978-986-453-051-9(平裝)
1.成功法 2.生活指導
177.2　106003861

Contents

第一章　你需要改變

Contents

第二章　你需要自我挑戰

CHAPTER 1

你需要改變

我們自己是不是經常這樣做：做事或處理問題時完全沒有自己的想法，或自己雖有考慮，但常屈就於他人的看法而改變自己的想法，人云亦云，隨波逐流，一味討好和迎合別人，而失去了自己的原則呢？

如果你也想擁有財富，那麼，趕快啟動思考的閘門，激盪你的腦力吧！不勤於動腦，一切機會都有可能與你擦肩而過。

1 不要和自己的弱點過不去

你一定要做自己喜歡做的事情，才會有成就感。

有一位機械工程師不喜歡自己的工作想轉行，卻遲遲下不了決心，因為他已經學了二十幾年的機械，如果突然換一份不熟悉的工作，會感到很不適應，儘管不喜歡，卻無法拋開累積了二十多年的機械專業知識。

他想改變，但又甩不掉過去的包袱，自然無法突破。這是個矛盾，既然知道自己再繼續做下去也不會有興趣，就應該果斷地做出決定：轉行！做自己喜歡的事情畢竟是令人興奮的，也更容易激發自己的想像力和創造力，且最終亦能得到卓越成就。

要改變自己目前的狀況，對自己更有自信，讓自己做事更有成效，我們就必須做出更好的決定，採取更積極的行動。

做你自己喜歡做的事情，其實是很困難的。大多數的人，多半都在做他們討厭的工作，卻又必須逼迫自己把討厭的事情做到最好。

他們經常失去了動力，時常在遇到事業的瓶頸時，無法突破，他們不斷地徵求別人的意見，卻還是照著原來的工作態度在進行，凡事沒有進展，原地踏步，這些當然不是他們想要的，但是由於種種原因，他們當中很少有人試著去改變自己的狀況。其實，要找到自己真正喜歡的工作，只需要把自己認為理想和完美的工作條件列出來就一目了然了。

有位著名的心理學專家，在敘說尋找自己最喜歡做的事情時是這麼說的：

運動和數學一直是羅克很喜歡做的兩件事。從小到大，羅克一直是運動健將，不僅擔任過體育組長和籃球、乒乓球隊長，也是田徑校隊的傑出運動員，羅克曾經想過要如何把興趣發展成職業。

他不斷地問自己：這些真的是自己想要的嗎？自己願意把運動當成一輩子的終生事業嗎？後來羅克告訴自己：靠體力過生活，並不是自己真正喜歡過的生活，雖然他非常喜歡運動。

在高中和大學的時候，羅克的數學成績一直都是名列前茅的，他也曾經想過，要當一位數學教授。

決定要做這件事之前，羅克列出一張理想和完美的工作條件表，他告訴自己：

第一，時間一定是由他自己掌握。

第二，要能不斷地接觸人們，因為他喜歡人群。

第三，必定對社會要有所貢獻。

第四，可以環遊世界。

第五，必須能夠不斷地學習與成長。

第六，必須能夠不斷地建立新的人際關係，可以跟一些成功的朋友交往。

第七，收人的狀況可以由他的努力來控制。

羅克發現，當一位數學教授，並不能達到他理想的工作條件，於是，他又開始尋找另一個可以當成他終生事業的工作。

十七歲的時候，羅克接觸了汽車銷售業，因為他很喜歡車子，他想自己應該可以做得不錯；真正進入了這個行業之後，他發現這個行業有非常大的特色，但是他的個性似乎並不適合這份工作，於是，他轉行了。

從十六歲到二十一歲，羅克陸續換了十八種不同的工作，可是每次換工作之前，他從來都沒有仔細想過：「他到底要的是什麼？」直到他把那些理想和完美的工作條件列出來後。

後來羅克發現，自己有一個特點，就是從小到大一直很熱心，很喜歡幫助別人，同學數學不會，他很喜歡教他；別人籃球打得不好，他會自告奮勇地過去教他。

因為羅克相信，只要自己可以，別人一定也做得到。

在一個很偶然的機會，羅克參加了一個激發心靈潛力的課程，它給了他極大的影響。羅克發現，自己上了那麼多的課程，學習了那麼多的資訊，卻沒有任何一個課程，比得上他的老師安東尼•羅賓在短短的八小時當中所分享給他的那麼多。

羅克心想，假如他以後也能把一些真正對人們有幫助的資訊，不管用何種管道，書籍也好，影片也好，能夠分享給想要獲得這些資訊的人，那該有多好！羅克發現，這個工作完全符合他所列出來各種理想和完美的工作條件，當他瞭解到這件事以後，他知道，這就是他畢生所尋找的方向。

羅克曾經聽他的老師這樣說過：「世界上的每一項工作都很好，但是，沒有任何一項工作，比他目前所做的更有意義。」因為，他可以藉由幫助別人來幫助自己。

這句話讓羅克決定一輩子做這件有意義的事情，經過了七、八年的堅持，他終於可以在這個行業嶄露頭角，讓許多人得到非常具體的幫助。不管是在心靈的重整，自信心的培養，或是業績上的突破，及管理思想的一些轉變，它們都有非常顯著的改變。

以前，羅克一直把賺錢當成非常重要的目標，後來他才發現，賺錢並不是全部，也不是絕對。賺錢固然重要，但是，羅克現在一心一意只想把所有精力放在如何提升自己的工作能力，如何提高工作品質，如何提供更多更有價值的服務，來幫助更多需要幫助的人，以及想要更加提高工作士氣的伙伴們。

每當羅克發現，一個人不再自我成長，覺得自己沒有什麼可以學習的時候，他就為他感到非常可悲。因為，連世界最頂尖的人，都還是那麼的謙虛，那麼努力地想成長，他們已經是全世界最棒的了，卻仍不斷地學習如何再進步。

世界頂尖的人士，一定有他們拯救自己的方法和道理，這些都是我們應該學習的。如何讓自己變成一位成功者呢？我們必須研究成功的人是如何思考的，他們是採取什麼樣的行動，用什麼樣的態度，有什麼樣的想法。

他們是如何讓自己更上一層樓，他們結交什麼樣的朋友，在他們還沒有成功之前，他們到底付出了多大的代價和努力？當他們面臨失敗和艱鉅的挑戰時，又是如何堅持到底的？

總歸只有一個原因，那就是：把要做的事，做到最好。

☞ 每個人都必須去做自己喜歡做的事情。做自己擅長做的事，才能在知道自己已經走錯方向時及時地掉轉頭，朝正確的方向走，這樣才會達到理想的目的地。明知錯了還要繼續走，最終會一敗塗地。

每天我們有許多事可做，但有一條原則不能變，那就是一定要做自己最擅長做的事。

2 不要為小事而壞了大事

生活中每天都會發生很多微不足道的小事，要想做大事、成大業，就不要總是對這些微不足道的小事耿耿於懷，不要為了這些微不足道的小事而壞了大事。

傑克森年輕時曾在一戶人家作房客，主人有個女兒叫雷切爾。她十七歲時與第一任丈夫羅巴茲上尉結婚。婚後不久即因感情不和而分居，雷切爾便回到娘家居住。傑克森十分同情雷切爾的處境，就擔當了這個弱女子的護花使者。漸漸地兩人互相產生了愛慕之情。當羅巴茲上尉聲稱要用武力奪回妻子的時候，傑克森與另一位紳士一起護送著雷切爾逃到了密西西比州。

羅巴茲上尉向法院提出要與妻子離婚。傑克森與雷切爾誤以為羅巴茲已獲離婚許可，於是，未經核實他們就舉行了婚禮，過著夫妻生活。事過兩年後，他們才知道羅巴茲故意拖延時間並未辦妥離婚手續。

離婚判決書於一七九四年初才發下，此時離婚才算生效。這使傑克森和雷切爾非常尷尬，他們不得不補辦了第二次結婚儀式。於是傑克森夫婦成了人所共知的重婚犯和通姦者。

人們對此事議論紛紛，沸沸揚揚傳開了，脾氣火爆的傑克森對此惱羞成怒，發誓要堅決捍衛心上人的名譽。據說，他的「手槍始終是子彈上膛，專門等著任何一個敢說他妻子壞話的人」。

一八〇三年，傑克森與田納西州州長塞維爾之間，就因為他妻子的名聲而發生爭吵。傑克森聽到有人玷污其愛妻的名聲，怒不可遏，拔槍向塞維爾射擊，險些打中了他。

一八〇六年，田納西州的神槍手迪金森在與傑克森就賽馬賭注發生的爭吵中，又褻瀆了雷切爾的名聲，傑克森向迪金森下了決鬥挑戰書。在決鬥中，迪金森當場死亡，傑克森左胸中彈，子彈因靠心臟太近所以無法取出，一直留在體內。

一八一三年，傑克森在與采頓的一次爭吵中又拿起了槍，他的左臂挨了一槍，子彈留在體內達十九年之久。

一八二八年總統競選，反對派決定散發一本搞臭傑克森名聲的文宣，其中專門列舉了傑克森參與鬥毆、打架、決鬥等事件。亞當斯堅持說：「他放縱的生活和性格，使得他不適宜擔任這個國家的最高領導者。」

雖然傑克森後來勝利了，但他卻一直承受著這種苦果，他的夫人也因承受不住這種壓力而病逝。

不知傑克森臨終之際，可曾為自己當初的衝動和一意孤行後悔過。倘若他沒有當初的失誤，也許在恩恩愛愛的幸福生活中，他和雷切爾會有更多歡樂的時光。

當憤怒來臨的時候，只要善於自我克制，做自己情緒的主人，不要讓衝動把我們帶到人生危機的邊緣，不要為了微不足道的小事而壞了大事。

有次，一個獵人帶兒子去打獵，在林子裡活捉了一隻小山羊。兒子非常高興，要求飼養這隻小山羊，父親答應了，將獵物交給兒子，要他先帶回家去。

兒子揹著槍，牽著羊，沿著小河回家。途中，羊在喝水的時候突然掙脫繩子，小獵人緊追在後，還是沒抓住，到手的獵物就這麼跑掉了。

小獵人既懊惱又傷心，坐在河邊的一塊大石頭後哭泣，不知道如何向父親交代，滿腔懊悔之情。

糊裡糊塗等到傍晚，看見父親沿河邊走來了。小獵人站起來，告訴父親失羊一事。

父親非常驚訝，問：「那你就一直這麼坐在大石頭後面嗎？」

小獵人趕忙為自己辯解：「我沒能追趕上牠，也四處找遍了，還是不見蹤影。」

父親搖搖頭，指著河岸泥地上一些淩亂的新腳印：「看，那是什麼？」

小獵人仔細察看後，問：「剛剛有幾隻鹿來過嗎？」

父親點點頭：「是的。為了那隻小山羊，你錯過了整整一群鹿啊！」

☜

「一失足成千古恨」，若因為日常生活的小事而造成不可收拾的傷害，是最令人痛心、後悔的事。之所以如此，是因為我們常自以為是，對一件微不足道的小事不滿，而恣意發火所造成的惡果。

3 你有好高騖遠的特質嗎？

世界上大多數人都是平凡人，但大多數平凡人都希望自己成為不平凡的人。夢想成功，才華獲得賞識，能力獲得肯定，擁有名譽、地位、財富。不過，遺憾的是，真正能做到的人，似乎總是少數。因為，他們經意或不經意地都陷進了好高騖遠的泥沼裡。

水從高原流下，由西向東，渤海口的一條魚逆流而上。牠的游技很精湛，一會兒衝過淺灘，一會兒划過激流，牠穿過了湖泊中的層層魚網，也躲過無數水鳥的追逐。牠不停地游，最後穿過山澗，擠過石縫，游上了高原。然而，牠還沒來得及發出一聲歡呼，瞬間卻凍成了冰。

若干年後，一群登山者在高原的冰塊中發現了牠，牠還保持著游動的姿式。有人認出這是渤海口的魚。

一個年輕人感歎說：這是一條勇敢的魚，牠逆行了那麼遠、那麼長、那麼久。

另一個年輕人卻為之歎息，說這的確是一條勇敢的魚，然而牠只有偉大的精神卻沒有偉大的方向，牠極端逆向的追求，最後得到的只是死亡。

要成功首先要量力而行，許多人好高騖遠，終其一生也一事無成，因為這些的精力主要耗損在焦躁的期盼之中，對要做的事情並未真正投入必要的心力，看起來很忙，實際上是「泡沫現象」。

因此，如果你好高騖遠，那就在人生道路上犯了一個大錯誤。你以為可以不經過程而直奔終點，不從卑俗而直達高雅，捨棄細小而直達廣大，跳過近前而直達遠方。你心性高傲、目標遠大固然沒錯，但目標就像靶子，必須在你的有效射程之內才有意義。如果目標太偏離實際，反而無益於你的前進。同時，有了目標，還要為目標付出努力，如果你只空懷大志，而不願為實現理想付出勞力，那「理想」永遠只是空中樓閣，是一文不值的東西。

好高騖遠者首要的錯誤在於不切實際，既脫離現實，又脫離自身，總是這也看不慣，那也看不慣。或者以為周圍的一切都與他為敵，或者不屑於周圍的一切，終日牢騷滿腹，認為這也不合理，那也有失公允。張三不行，李四也不怎麼樣，惟有自己最出類拔萃。無法正視自身，沒有自知之明，是好高騖遠者最明顯的特徵。你該回首想想自己有多大的本事，有多少能耐，不要沾沾自喜於過去某方面的那一點成績。一天又一天，一年復一年，總是有懷才不遇、英雄無用武之地的感覺。

脫離了現實便只能生活在虛幻之中，脫離了自身，便只能見到一個無限誇大的變形金剛。沒有紮實的基礎，只有空中樓閣、海市蜃樓；沒有切實可行的方案和措施，只有空空洞洞的憑空想像，這是形成好高騖遠者人生悲劇的前奏。

其次，好高騖遠者大都是懶漢，害怕吃苦，懼怕困難，情緒懶散，從精神到行動都散散漫漫，好逸惡勞，貪圖享受。甚至打心眼裡瞧不起那些吃苦耐勞者，認為那是愚蠢。也打心眼裡瞧不起每天圍繞在身邊的那些小事，不屑於做它，這是形成好高騖遠者人生悲劇的根本原因。

好高騖遠者在人際關係中也是極不受歡迎的人物。對地位比他高的人，或者巴結奉承；或者不屑交往，認為他們也沒有什麼了不起。而對地位比他低的人，則一律鄙視瞧不起。小事瞧不起不願做，大事想做卻做不來，或者輪不到他做，終於一事無成。眼看著別人碩果累累，他空有抱怨，空有妒嫉。

要想渡過人生的危難，戰勝人生中的種種挫折，完成天下的難事，要在年輕單純的時候，覺得為人處世容易和順利的時候就開始；要想成就高遠鴻大的事業，實現理想和追求，必須從最細小最微不足道的地方做起，從最卑微的事情起步。

☜ 勇氣固然重要，但凡事仍須量力而行，千萬不要好高騖遠，以免得到反效果。

4 不要為了無聊的事小題大作

事情，每天都會發生。有重要的、有次要的、有大事、有小事。如果天天都為了一些不重要的、無聊的小事煩惱、小題大作的話，那一定會做不成大事的。

傑瑞有一次在一家小旅館住宿。午夜後，忽然聽到浴室裡發出一種奇怪的聲音。過了一會兒，傑瑞看見一隻老鼠跳上鏡臺，然後又跳下地，在地板上作了些怪異的老鼠體操，後來牠又跑回浴室。這一夜，傑瑞都沒睡好覺。

第二天早晨，他對打掃房間的清潔人員說：「這間房裡有老鼠，而且膽子很大，吵了我一夜沒睡。」

清潔人員說：「我們旅館裡沒有老鼠。你住的是精緻套房，而且所有的房間都剛剛消毒過。」

傑瑞下樓時對櫃檯小姐說：「你們的清潔人員真忠心。我告訴他說昨天晚上有隻老鼠吵了我一夜，他居然說那是我的幻覺。」

櫃檯小姐說：「他說得對，我們這裡絕對沒有老鼠。」

傑瑞的話一定是被他們傳開了，櫃檯服務人員和門口的接待人員在他走過時，都用怪異的眼光看他。

第二天晚上，那隻小老鼠又出來了，照樣跳來跳去，於是傑瑞決定對牠採取行動。

第三天一早，他就到店裡買了捕鼠器和一包肉乾。他把這兩件東西包好，偷偷帶進旅館，不讓當時值班的員工看見。

翌日早晨他起身時，看到老鼠被關在籠子裡了。

他不準備對任何人說什麼，只打算把牠連籠子提到樓下，放在櫃檯上，證明自己並不是無中生有地瞎說。

但在他準備走出房門時，忽然想到：這樣做，豈不是顯得自己太無聊，而且很討厭？

於是傑瑞折回房間，把老鼠放走，讓牠跑到隔壁的屋頂去了。

半小時後，傑瑞退掉房間，離開旅館，出門時把空老鼠籠遞給櫃檯值班人員。大廳裡的人都向他微笑點頭，看著他推門而去。

☞ 小題大作只會使人變得無聊。如果因為一件無聊的小事而絞盡腦汁和浪費時間及體力，為的只是用來獲取別人的認同，滿足自己的虛榮心，這真是有點不值得。

5 自信是成功做事的一種保證

拿破崙・希爾曾說：「信心就是『不可能』這毒素的解藥。」

信念包括了信心、愛心和恆心。信念是一種指導原則和信仰，讓我們瞭解了人生的意義和方向。一個沒有信念的人，就像缺少了引擎的汽車，無法前進。所以在人的一生當中，必須要有信念的引導，它會幫助你朝著目標，不斷地前進，創造你想要的人生，使你在人生中做任何事都能成功。也可以說，信心的力量是驚人的，它能改變惡劣的現狀，創造美好的未來。充滿信心的人永遠擊不倒，他們是事情的主宰者。信心是辦事成功的祕訣之一。

信心對於做事成功者具有重要意義，成功的欲望是創造和擁有財富的源泉。人一旦有了這種欲望，並經由自我暗示和潛意識的激發後形成了一種自信心，這是一種相信自己能獲得成功的信念。這種信心轉化成一種「積極的心態」，它能幫助人們釋放出無窮的熱情、智慧和精力，進而幫助人們獲得財富與事業上的巨大成就。

自信是成功做事的一種保證。因為缺乏自信的人生是不可能有所成就的。「個人心理學」的創始者阿德勒醫生發現，每個人都有自卑情結。自卑感的形成是我們在孩提時候，覺得父母都比我們大，而自己是最小的，要依靠父母，仰賴父母；另一方面，父母會加強我們這種感覺，令我們不知不覺中，產生了「我們是弱小的」這種感覺。這種社會文化因素造成的自卑感，並不會因為年紀的增長而自動減低。也由於這種基本的自卑感，每一個人都有一種補償心理，就是對優越感的追求，這種正向的意願則是戰勝人性弱點的法寶。每個人都會面臨困境，只有對生命的熱忱和永不服輸的意志力才能促使我們面對困難不氣餒，一次一次地嘗試，不斷努力工作直到成功。

飯店大王希爾頓的話更值得我們深思，他說：「成功是誘人的。然而通往成功的道路上是荊棘密布，險象環生，在無以數計的挫折、失敗面前，你是要選擇勇往直前，還是一蹶不振？」對希爾頓來說，得意時使他更具遠見和信心，而失意時則會體會到真正的謙卑。

美國經濟大蕭條時期，希爾頓負債累累一籌莫展。朋友把他拉進了一項價值十一萬元的「賭博」——投資。希爾頓向親友借到了五萬五千元，如果成功，數目就翻倍；如果失敗了，將再次變得一無所有。此時的希爾頓口袋裡僅剩八角八分錢，他孤注一擲，在借據上簽了字。因為他希望成功，他明白如果不給自己信心，不做出決策，他就不會再有機會。往後的三年中，他的這一次投資——油礦，為他付清了所有的負債。

每個人在失敗時都會出現懷疑自己的情緒，重要的是如何調整自己，儘快從自卑感籠罩的失敗感中走出來，把握好下一個機會。正如一句話所說：如果你為錯過了太陽而哭泣，那麼你將會再錯過月亮。

☞ 自信的力量是無窮的，做事少不了自信。自信是做事成功的保證，每一件事情的完成都必須以自信作為前提，都必須懂得自信的重要性。

6 先蹲才能跳的更高

西方教育著重「表現」，主張「有能力就要表現出來」，否則就和沒有能力沒什麼兩樣。他們不但到處表現，還要隨時告訴別人自己表現了些什麼東西，甚至隨身攜帶證明的文件，以資佐證。

我們東方人做事當然也明白「表現」的道理，知道「老虎不發威，很容易被當成病貓」。不過我們更瞭解「虎落平陽被犬欺」的慘痛苦境，在表現之前，先做好「到達車站，先打聽一下當地的情況，再做打算」的準備工作。做事的觀點，仍然是「表不表現不成問題，怎樣表現才是問題」。聰明的人表面上看起來好像是遲鈍的，實際上不過是真人不露相，不必要時不顯露，人家無法接受時不急著要表現。

書法好的人常常被委請去寫一些壁報、門聯，有時不如主人的意，還要被嫌棄。拳術好的人若是公開表現出來，得罪人時，容易被請來的高手打傷，因為有多少實力，對方已經摸得一清二楚，當然受制於人。

「有能力一定要表現」不過是一種比較膚淺的思考方式，往往「不表現則已，一表現便成為眾矢之的」，逃也逃不掉，徒呼奈何？

雖然說，有能力終究是要露的，但是時間、空間、人事如果有一樣不合適，那就不要亂露，以免招來不必要的困擾，徒增自己的苦惱。

初來乍到一個陌生的地方，就擺下地攤，準備做起生意，不料侵占了當地惡勢力的地盤，觸怒了當地的老大，不但生意做不成，反而被打傷。這種慘痛的經驗，養成聰明人「到達車站，先打聽打聽」的習慣。就算有實力，也要深藏不露，觀望一陣子，看看情況再作定奪。

現代人知識水準普遍提高，然而為什麼還有那麼多「現代人」受騙？照理來說，受過教育的人應該比較不容易吃虧上當才對，但是，實際情況顯示，有許多人常常受騙，甚至被騙了好多次，這究竟是什麼道理？

答案似乎是，因為現代人太過於自信，自認為自己真的知道，而且不知道保留餘地，馬上就說出來。時時把自己暴露在亮處，讓人家看得清清楚楚，當然很容易受騙。

存心想騙人的騙子，一定會想盡辦法摸清對方的底細，看清楚對方的弱點才能夠下手，以順利完成詐欺的勾當。問題是，現代人普遍警覺性偏低，又愛現，所以讓騙子有許多下手的機會，而且成功的機率也特別高。

現今的社會，多得是抓住麥克風不放卻不知道在講什麼東西的人，多得是猛打廣告榮登銷售排行榜卻不知道在寫些什麼東西的書報雜誌。不但浪費別人的寶貴時間，而且還會替自己造孽卻不自覺。

現代人盲目捨棄「深藏不露」的道理，有多少露多少，以致處處可見「丟盡顏面仍不自覺」的可憐人。不開口大家還不知道他有多少學問，一開口便使自己的寡陋淺薄洩漏無遺。

☞ 做事鋒芒畢露常會招人閒言閒語，要深藏不露，在必要時才顯現做事的能力，才能獲他人的尊敬。

7 英雄並不是靠運氣

謀事在人，成事在天，事在人為，惟有奮鬥才能成功。這是最好理解也是最難做到的。難就難在「屢戰屢敗，屢敗屢戰」的韌性和毅力。

所以說，考驗一個人的勇氣，往往不是看他敢不敢死，而是看他敢不敢活下去。

由於缺乏勇氣，許多有用的人才都在這個世界上消失了。行百里者半九十，離成功越近的地方，留下的遺憾往往越多。英雄並不是比普通人更有運氣，而是比普通人更能堅持到最後五分鐘的勇氣，於是，少數「吃得苦中苦」的人，便成了「人上人」成功了。

成功在這裡沒有任何的祕訣，就只有兩個字：堅持。伏爾泰說得好：「要在這個世界上獲得成功，就必須堅持到底，劍至死都不能離手。」

席維斯史特龍的故事，就是成功從「必要性」走向「必然性」的真實寫照。

史特龍的父親是一個賭徒，母親是一個酒鬼。父親賭輸了，又打老婆又打他，母親喝醉了也拿他出氣發洩。史特龍在拳腳相向的家庭暴力中長大，常常是鼻青臉腫，皮開肉綻。因此，他的長相很不好看，學習也不好。

高中輟學後，便在街頭當混混。直到他二十歲的時候，一件偶然的事刺激了他，使他醒悟反思：「不能，不能這樣做。如果再這樣下去，和自己的父母豈不是一樣嗎？會成為社會的垃圾，人類的渣滓，帶給別人、留給自己的都是痛苦。不行，我一定要成功！」

史特龍下定決心，要走一條與父母迥然不同的路，活出個人樣來。但是做什麼呢？他長時間思索著。從政，可能性幾乎為零；進大企業去發展，學歷和資歷是目前不可逾越的高山；經商，又沒有本錢……他想到了當演員。當演員不需要過去的資歷，不需要文憑，更不需要本錢，如果一旦成功，卻能名利雙收。可是他又不具備演員的條件。長相就難以過關，又沒接受過專業訓練，沒有經驗，也無「天賦」的跡象。

然而，「一定要成功」的力量驅使，促使他認為，這是他今生今世惟一出頭的機會，最後的成功可能。絕不放棄，一定要成功！

這些困難並沒有嚇倒史特龍，於是，他來到好萊塢，找明星、找導演、找一切可能使他成為演員的人。他四處懇求：「給我一次機會吧！我要當演員，我一定能成功。」不過他一次又一次被拒絕了。

但他並不氣餒，他知道，失敗一定有原因。每當被拒絕一次，就認真反省、檢討、學習一次。一定要成功，下定決心永不改變，又去找人。不幸得很，兩年一晃過去了，錢也花光了，便在好萊塢打工，做些粗重的零工。那兩年中，他遭受過一千多次的拒絕。

他暗自垂淚，痛哭失聲。難道真的沒有希望了嗎？難道賭徒、酒鬼的兒子就只能做賭徒、酒鬼嗎？不行，我一定要成功。他想到，既然無法直接成功，能否換一個方法。他想出了一個「迂迴前進」的方法：先寫劇本，待劇本被導演看中後，再要求當演員。幸好現在的他，已經不是剛來時的門外漢了。兩年多來的耳濡目染，及每一次拒絕都是一次口傳心授、一次學習、一次進步。因此，他已經具備寫電影劇本的基礎知識。

一年後，劇本寫出來了，他又拿去遍訪各個導演，「這個劇本怎麼樣，讓我當男主角吧！」普遍的反映都是，劇本還可以，但讓他當男主角，那真是天大的玩笑。他再一次被拒絕了。

他不斷對自己說：「我一定要成功，也許下一次就行了！再下一次，再一下次！」

在他一共遭到一千三百多次拒絕後的一天，一個曾拒絕過他二十多次的導演對他說：「我不知道你能否演好，但我被你的精神所感動。我可以給你一次機會，但我要把你的劇本改成電視連續劇，同時，先拍一集，就讓你當男主角，看看效果再說。如果效果不好，你便從此斷了這個念頭吧！」

為了這一刻，他已經做了三年多的準備，終於可以一試身手了。機會來之不易，他不敢有絲毫懈怠，全心投入。第一集電視劇創下了當時全美的最高收視紀錄。他成功了！

史特龍的健身教練哥倫布醫生這樣評價他：

「史特龍每做一件事都百分之百的投入。他的意志、恆心與持久力都是令人驚歎的。他是一個行動家。他從來不呆坐著讓事情發生，他會主動地讓事情發生。」如果史特龍當初只是「想」成功，在茶餘飯後做做明星夢，消遣一下，他就絕不會有今天。因為那樣的話，他就不會付出，不會拼命。

☞ 世上沒有做不成的事，只有做不成事的人。事在人為，只要努力去做，事情就有可能成功。

8 留得三分面，日後好辦事

三國名將關羽，過五關，斬六將，溫酒斬華雄，匹馬斬顏良，偏師擒於禁，擂鼓三通斬蔡陽。「百萬軍中取上將之首，如探囊取物耳。」然而，這位叱吒風雲，威震三軍的一世英雄，下場卻很悲慘，居然被呂蒙一個奇襲，兵敗地失，被人割了腦袋。

關羽兵敗被斬的最根本原因是蜀、吳聯盟破裂，吳主孫權興兵奇襲荊州。但與關羽其人的驕傲有著密切的關係。

諸葛亮離開荊州之前，曾反覆叮囑關羽，要東聯孫吳，北拒曹操。但他對這一戰略方針的重要性認識不足。他瞧不起東吳，也瞧不起孫權，致使吳蜀關係緊張起來。

關羽駐守荊州期間，孫權派諸葛瑾到他那裡，替孫權的兒子向關羽的女兒求婚，「求結兩家之好」，「並力破曹」，這本來是件好事，以婚姻關係維繫增強政治聯盟，歷史上多有先例。如果關羽放下高傲的架子認真考慮一番，並利用這次的良機，進一步鞏固蜀吳的聯盟，將是皆大歡喜之事。但是，關羽竟然狂傲地說：「吾虎女安肯嫁犬子乎？」

不嫁就不嫁嘛！又何需如此出口傷人？試想這話傳到孫權那裡，孫權的面子如何吃得消？又怎能不使雙方關係破裂？

關羽的驕傲，使自己陷入萬劫不復之地，被自己的盟友結束了生命。

俗話說：蚊蟲遭扇打，只為嘴傷人。以尖酸刻薄之言諷刺別人，只圖自己嘴巴一時之快，殊不知會引來意想不到的災禍。人與人之間原本沒有那麼多的矛盾糾葛，往往只是因為有人逞一時口舌之快，說話不加考慮，一言半語傷害了別人的自尊，傷害了別人的面子，讓人下不了台，心中怎能不燃起一股怒火？有了機會，反咬一口，也是情理之中的事。

驕傲自大，尖酸刻薄，最易傷人面子；謙卑待人，才能得到友誼。尖酸刻薄常見的有如下幾種情況：

一、貶損他人，抬高自己

李先生自我感覺良好，然而在公司人緣不好。因此他經常抱怨世態炎涼，責怪同事寡情。是真的世態炎涼、同事寡情嗎？並不是！原來是李先生自命不凡，每逢單位開會，年終考評，他都喋喋不休地貶損他人，以顯示自己「崇高的思想」、「卓越的才能」、「非凡的業績」。因此，同事們都覺得他太過分，太不像話了。於是大家都不買他的帳，他陷入了孤立無援的境地。

顯然，李先生人緣不好，其原因在於貶低他人，抬高自己。有些人為了抬高自己，貶損他人的程度竟達到了捏造事實的地步。儘管他所說的事實是捏造的，可也具有蠱惑人心的作用。面對捏造事實的指責，受害人有口難辨，無可奈何。

例如：唐某與李某同去某地出差，採購一批緊缺物資。他們到某地時，當地已無貨供應，必須再等一個月才有貨。於是唐某與李某空手而歸。可是在向主管彙報時，李某竟對主管說：「年輕人就是貪睡，那天早晨如果小唐早點起來，我們可能就買到貨了。」唐某說：「本來就沒有貨了啊！這與早起晚起有什麼關聯呢？」主管指責唐某說：「老李說得對啊！你應該改進啊！」唐某聽了主管的指責只能無可奈何地歎氣，還有什麼可辯解的呢？不過從此以後，唐某對李某敬而遠之了。主管再派他與李某一起出差，他都藉故推辭。

為什麼有些人會不擇手段地貶損他人、抬高自己呢？其原因顯然是出自於一種虛榮的心理和自卑的心態。有些人為了充分地顯現自己的優秀和不凡的價值，因此往往喜歡找人來做比較，自以為透過貶損他人，自己的優秀和不凡的價值就能充分地表現出來了。

另外，有些人對於別人的能力強過自己，心理極不平衡加上自卑感作祟，於是透過貶損別人，來說明自己是最強的，進而在心理上得到一種阿Q式的平衡。然而不管貶損他人、抬高自己是出於何種心理，都是一種缺乏道德的行為。

二、拒絕他人，出語傷人

在拒絕別人的要求時，更要謹慎，否則稍不留意，就會在無意間傷害對方，而造成無法彌補的遺憾。

有一個電視劇，內容敘述一群芭蕾舞演員，應徵百老匯歌劇院的舞蹈主角，經過了幾天嚴格的審查過程，許多演員都被淘汰了。結果只留兩名，又經過一番審查，到了最後，其中一人被淘汰了。當然，評審委員不能直言相告那位被淘汰的演員，於是對她說：「妳的舞藝實在不錯，並且非常有潛力，將來的成就必定無可限量，但本劇所需的角色，可能不適合妳。因為我們需要一位較為活潑的演員，與妳的個性不太符合。但妳不用擔心，我們還會有新的劇本，必定會有更好的角色等待妳來發揮。希望妳再繼續努力，等待我們的通知。」

這真是令人傷感的場面，被人拒絕是一件極為悲痛的事，因為這往往顯示自己的能力無法獲得別人的肯定，對個人的傷害是可想而知的。不過那位芭蕾舞演員十分幸運，雖然沒有得到好的角色，雖然被淘汰了，但卻沒有因此傷及個人的自尊心，她心中的希望也並未因此而破滅。

三、求人不成，惡意報復

清代有個畫家，叫胡恭壽，住在華亭縣，在當地是個十分有名氣的畫家。有一次，松江府的一位太守派僕人去請他作畫，當然是帶了銀子去的。

胡恭壽見僕人拿的銀子少，就對他說：「謝謝你家主人，我並不認得你家主人，只是必須按照我所規定的價格付酬，我才作畫。」僕人回來把原話告訴太守，於是太守將銀子補足，又叫僕人拿去求畫，胡恭壽就作了畫，送去太守府。

過些日子，太守請客，同時也邀請胡恭壽。胡恭壽不知是計，欣然前往。席間，太守假裝偶然與客人談起畫畫之事，並故意問客人：「我們這裡有位叫胡恭壽的，他的畫很有名氣，您知道這人嗎？」客人道：「不知道。」於是太守便把胡恭壽作的畫出示給客人看。

客人一看大叫：「快收起來，別拿這樣的畫來弄髒我的眼睛！這畫糟透了。」太守故意作出失望的樣子，說道：「唉！畫得不怎麼樣，可是他的架子卻特別大。」客人說：「你被他騙了。」太守一聽裝作十分生氣的樣子，便把畫撕掉。隨即邀請客人到另一房間去坐，全然不去管胡恭壽。

胡恭壽漠然地坐在原地，直到太守的僕人提醒他：「剛才主人的臉色，你看到了嗎？現在你也可以離開了。」說著這話，僕人拉著胡恭壽就往外走，胡恭壽跌跌撞撞地回去了。

☞ 不給人留面子，是對這個人的極大侮辱，留得三分面，日後好辦事。你給他人留了面子，你以後求他辦事時，就會異常順利。而不給人面子帶來的後果有時是很嚴重的。用別人的認同，來滿足自己的虛榮心，真是不值得。

9 懶惰就像慢性自殺

一個人對生活所持的態度，和他的習慣、才智有著密切的聯繫。成功的人比起一般的人來，他生活和工作的態度一定是更能吃苦、更努力、更勤奮，而且，他們也做得比別人更多。

如果他是一位成功的科學家，那麼，在獲得成功的過程中，他一定付出了超乎常人艱辛的努力，一定經過了無數次的失敗。沒有一個成功的人例外，沒有一個成功的人是不需付出艱辛努力得來的。面對他們，如果你每天無所事事，懶散而不思進取，那麼，你一定會慚愧不已，無顏見人。

約翰•亨特曾自我評論道：「我的心靈就像一個蜂巢一樣，看來是一片混亂，雜亂無章，到處充滿嗡嗡之聲，實際上一切都整齊有序。每一滴食物都是經過努力在大自然中精心萃取的。」英國物理學家兼化學家道爾頓不承認他是什麼天才，他認為他所得到的一切成就都是靠勤奮點滴累積而成的。

牛頓是世界一流的科學家。當有人問他到底是透過什麼方法得到那些非同一般的發現時，他誠實地回答道：「總是思考著它們。」還有一次，牛頓這樣表述他的研究方法：「我總是把研究的課題置於心頭，反覆思考，慢慢地，起初的點點星光終於一點一點地變成了陽光一片。」正如其他有所成就的人一樣，牛頓也是靠勤奮、專心致志和持之以恆才能獲得這般偉大成就，他的盛名也是這樣取得的。放下手頭的這一課題而從事另一課題的研究，這就是他的娛樂和休息。牛頓曾說過：「如果說我對世人有什麼貢獻的話，這要歸功於勤奮和善於思考。」

偉大的哲學家開普勒也這樣說過：「只有對所學的東西善於思考才能逐步深入。對於我所研究的課題我總是追根究底，想出個所以然來。」

培養勤奮的工作態度是最重要的。一旦養成了一種不畏勞苦、勇敢向前、鍥而不捨、堅持到底的工作品質，無論我們做什麼事，都能在競爭中立於不敗之地。相反，懶惰的人不會有好下場。懶惰就是否定自己。把自己的生命一點一點地化為虛無，不想好好努力，拯救自己。懶惰是一種壞習慣，其所浪費的是比任何東西都寶貴的生命。青年時期，正是人生的黃金時期，這時努力打拼將來定會受益無窮，相反的，若消極懶惰，其後患也將無窮。一個成功的人是不會讓懶惰有任何機會得逞的。

勤奮的人瞧不起懶惰的人，心靈的恬靜是勤奮的人始終追求的，而懶惰的人卻是始終沉湎於肢體的舒適之中。怕吃苦怕受累是懶惰者的通病，一無所得，受人嘲笑是懶惰者的下場。所以時刻都要提醒自己：「成事在勤，謀事忌惰」。因為人生短暫，被「懶惰」的習慣占據，就等於慢性自殺。

☞ 我們從小就知道「勤能補拙」、「勤奮可以創造一切」，也知道無數有關勤奮努力而獲得成功的故事，因此，我們就要記住：成事在勤，謀事忌惰。

10 每天只要做好一件事

有一位畫家，舉辦過十幾次個人展，參加過上百次畫展。無論參觀者多與少，無論作品有沒有獲獎，他的臉上總是掛著迷人的微笑。

在一次朋友聚會上，一位記者問他：「你為什麼每天都這麼開心呢？」

他微笑著反問記者：「我為什麼要不開心呢？」

爾後，他講了他兒時經歷過的一件事情：

我小的時候，興趣非常廣泛，也很好強。畫畫、拉手風琴、游泳、打籃球，樣樣都學，還必須都得拿到第一才行。這當然是不可能的。於是，我悶悶不樂，心灰意冷，學習成績一落千丈。有一次我的期中考成績竟排到全班的最後幾名。父親知道後，並沒有責罵我。

晚飯之後，父親找來一個小漏斗和一捧玉米種子，放在桌子上，告訴我說：「今晚，我想讓你做一個實驗。」

父親要我把雙手放在漏斗下面接著，然後撿起一粒種子投到漏斗裡面，種子便順看漏斗落到了我的手裡。父親投了十幾次，我的手中也就有了十幾粒種子。然後，父親一次抓起滿滿一把玉米粒放到漏斗裡面，玉米粒相互擠著，竟一粒也沒有掉下來。

父親意味深長地對我說：「這個漏斗代表你，假如你每天都能做好一件事，你每天就會有擁有一粒種子的收穫和快樂。可是，當你想把所有的事情都擠在一起來做，反而連一粒種子也收穫不到。」

二十多年過去了，我一直銘記著父親的教誨：「每天做好一件事，坦然微笑地面對生活。」

☞ 每天做好一件事，在遇到挫折的時候，才能坦然地面對生活，才可以享受到成功的果實。

11 要瞭解你的對手

知己知彼，才能制定出正確的談判策略，但如何做到知己知彼呢？

猶太人懂得情報的重要性，所以，無論是商業談判還是外交談判，猶太人特別注重搜集情報。在談判前，多一份對方的資料，也就多了一分主動權。因為資料可以使自己多瞭解對手的情況，抓住對手的真實意圖，避免落入他們設計的陷阱；資料還可以估計對方的要價條件，揣測對方的讓步底線，進而在談判中占據主動地位，提高獲利機率。

季辛吉當年是哈佛大學的教授和內閣顧問。但這並不能滿足季辛吉的願望，他要加入政界，而不是有名無實的顧問。

季辛吉等待的機會終於來臨了。

新一任的總統競選即將開始。而當時美國正陷入越戰的泥沼之中。為了擺脫困境，美國政府已與越南在巴黎進行祕密和談。而談判的內容是極為高度的機密。但和談對下屆總統競選至關重要，許多人都想知道其中的祕密，而總統競選者尼克森對此更是望眼欲穿。

季辛吉猜準了尼克森的心意，想到自己有位朋友可以獲得和談的內幕消息，他藉此便與尼克森進行了祕密接觸，情報自然弄到手了。

第一份情報，巴黎剛發生重大事件，季辛吉勸尼克森不要向國內人民發表關於越戰的新策略。

第二份情報，現任總統可能短期內下令停止轟炸北越。

第三份情報，巴黎方面已協定停止轟炸北越。

令尼克森頭疼的情報輕而易舉地弄到手了。

憑著這些準確的情報，尼克森大選前幾日所發表的談話沒犯下任何錯誤。季辛吉提供情報的內容和時機，均使尼克森獲得極佳的群眾反應和喝彩。

尼克森競選成功，當選總統，自然對這位猶太人另眼相看。考慮到季辛吉能力極強而且又是親信，便委以國務卿的重任。

季辛吉終於如願以償，但他實際上是以情報作為交換條件和尼克森談判的。

「知己知彼，百戰不殆。」只有瞭解對手的情況，才能百戰百勝。因此，做事要懂得運用這條規則，不懂得運用它，只能導致失敗。

12 做事不能沒計劃

沒有計劃就意味著做事沒有條理，到頭來只會導致你十隻手指抓九隻兔子，當然一隻也抓不到。因此，做事一定要改掉沒有計劃的習慣。善於策劃者，會有效地達到自己的工作目標。正如常言：「思路暢通，謀事如棋。」在計劃中行事，一切盡在掌握之中。因此，能發揮出較多的點子，提出不同凡響的主張，做出非比尋常的成就。

策劃就是事先的籌謀計劃。不論做什麼事，如果沒有預先的籌謀計劃，訂出一個方案，然後一步步按步驟去實施，那麼，一定是不可能辦得好的，就會變得手忙腳亂。

一個人無論做什麼事都要先策劃，想一想自己怎樣在做大小事情的過程中，不出漏洞，不遭突然襲擊。那些成大事者必然是策劃大師！

古時候，有一個北方人想到南方的某地。有一天，北方人準備齊車馬，收拾好行囊，然後便在一個風和日麗的日子驅車啟程，在馬蹄的「噠噠」聲中一路向北馳去。

路上，北方人遇到了一個熟人，這個熟人見到他，很驚訝地問道：「咦，你不是要到南方去嗎？怎麼現在卻往北走啊？」

北方人笑了笑說：「我有一匹好馬，還有充分的準備，我的馬夫技術又十分嫻熟，我什麼地方去不了呢？」

那個人聽後，看著地面上留下的車轍，善意地指給北方人說：「你看，你的車馬雖好，準備雖然充分，可是卻把方向弄錯了，這樣走只會越走離南方越遠啊！」

可是，任他怎麼說，北方人仍是固執己見。於是，在一陣打馬揚鞭的吆喝聲中，北方人隨同他的車馬與南方背道而馳越走越遠。

沒有預先策劃而莽撞辦事的人，就只會像上面這個故事中的人物一樣，其結果只能與自己的目的相反。古往今來，凡是辦得好的事，辦得成功的事，無一不是在周密的策劃之後完成的。

你也許可以試著這樣做：

首先把你的計劃寫下來，然後問自己：「為了完成這些計劃我應該怎麼做？」再寫下行動的步驟；在執行計劃的過程中，並非每一步都可能按計劃走，遇到瓶頸，要學會堅持或適度的改變。

許多人渴望夢想能夠成真，但是他們卻並沒有為了這一目標而制訂一個可行的計劃——根據他們希望的生活方式重新安排他們的目標、行動。想實現夢想最怕沒有目標。

如果期望夢想成功，你應該為今後的三百六十五天制訂一個有力的計劃，並把它分成一些小的目標和要求，對每一個小目標和要求完整寫出你的進度表，以保證你進入正軌。

現在開始，馬上制定自己的計劃。你有夢想嗎？有。好。那麼你需要一個有力的計劃來幫助你完成自己的夢想。一個有力的計劃可以反映你能做什麼，你實現夢想需要多少步驟，你成功的機率有多大。一個有效的計劃應該用一系列新的方法代替舊的，它需要你的創意和毅力。

伊拉・海斯是一家專辦現金卡廣告部的副經理和代言人，他堅定地相信，他的成功來自於「每月工作計劃」。

在海斯成堆的筆記中，有一本最重要，那是本又厚又大的活頁紙筆記，裡面記載著他的「每月工作計劃」。他相信把他每月思考的事和每月要做的事寫下來，便可靈活運用來促進自己的事業發展和觀念的累積與更新。

海斯說：「明天的成功者，是那些能夠記下自己的想法與願望，不論遇到什麼阻礙，都堅定不移地做下去的人。」

如果你想繼續發展自己的事業，你可以嘗試計劃你的夢想。

美國《讀者文摘》是一本著名的雜誌，也是美國文化產品中的一個暢銷文物。對於《讀者文摘》的創始人德惠特・華萊士夫婦來說，創辦這個雜誌他們經過了四個具有決定性意義的步驟——

第一步，他構想了一份趣味性與知識性並重的讀物，試圖向出版商們介紹，但他們絲毫不感興趣。然而他沒有放棄，繼續堅持按計劃行事。

第二步，他在賓夕法尼亞洲東匹茲堡工作時，他的同事對這本雜誌的試刊本深感興趣，更認為華萊士若採用直接郵遞的方法來進行推銷，成效必定極佳。

第三步，他的老闆聽到他正和別人合作做生意，便開除了他。後來華萊士回想到這件事時說：「我經常懷疑如果不是被老闆開除而要投入新事業的話，我會不會留在匹茲堡呢！」答案當然是無庸置疑的。

一九二一年十月，華萊士和年輕而充滿理想的萊拉・雅芝生小姐結成夫婦。這就是夢想實現的第四步，也是最重要的好運來到了——萊拉分享了他的夢想。

婚後第二年，萊拉仍然要繼續原來的工作，賺取金錢以繳納在紐約格林尼治村住所的租金，他們在一九二二年二月合作出版了《讀者文摘》。

《讀者文摘》的靈感，是華萊士在軍隊當中士時，在法國因炸傷住院康復期間獲得的。當時他閱讀了許多雜誌，深深感覺到有些文章吸引力特別持久，而大部分文章如果濃縮，突出要點，便會更加動人。時至今日，《讀者文摘》仍然保留著這些主要的精神。

《讀者文摘》的暢銷速度增長之快，遠遠超過華萊士夫婦的想像——創刊號銷售量是五千本，到了一九二六年已增至五萬本。

☞按計劃行事，你會發現一切都是那麼順理成章，沒有那麼多「枝節」作祟，你的事業變得輝煌，你的夢想也將在計劃中開啟你勝利的門窗。

13 後門走的好，萬事沒煩惱

《紅樓夢》中的薛寶釵填過一首《柳絮詞》，其中有一句是「好風憑藉力，送我上青雲」。她一反大貶柳絮飄浮無根、無所附依的寫法，而是用肯定的態度對其做了讚美。這正如有人不僅看到了辛勤耕耘的黃牛，也看到了黃牛背後不斷抽動著的鞭子，這也是她見識獨到之處。

從中我們可得到一個啟示：一個人在事業上要想獲得成功，除了靠自己的努力奮鬥之外，有時需要借助他人的力量，才能平步青雲或扶搖直上。我們把「好風憑藉力」這句話中所蘊含的人生哲理用在求職就業的過程中，就可以稱它為「借梯登高」之計。

這裡的「梯」指的是他人之力，如名人、親戚、朋友、同學等的地位、名望、財富或權力；而「高」則是指求職就業者，想要獲得的某種較為理想的社會職業。他人有時是你接近成功或走向成功的橋梁與階梯，尤其是那些德高望重的名人，他們的力量更是能幫你走向成功的捷徑。

中國人歷來重視宗族親情，以至於在今天仍然盛行「走後門」。這種「後門」其實就是一種看不見的裙帶關係，類似於我們所說的「梯」。利用後門去做違法亂紀的事情，當然是不足取的，但如果你想能充分發揮你的才智，有所成就，在某些時候借助「梯子」還是必要的。

一般來說，無論引薦者的名望大小、地位高低，只要對你的成功有所幫助，他就是你登上高處的好梯子，他的威信和影響力能對你有所用處。

一般人除了對權威和名望有一種崇拜感和信任感之外，對熟識的人同樣有一種可靠、信賴的感覺，因而他們常常會從推薦者身上，來估量被推薦者的能力和人格。這種透視現象可以幫助求職者被錄用，繼而步步高升。

在複雜的社會關係之中，在各種社會關係構成的屏障面前，互相利用是人性的弱點，但它也是人類共同需要的心理傾向，而這正是「借梯登天」之計的實質所在。不懂得或不善於利用他人力量，光靠單槍匹馬闖天下，在現代的社會裡是很難大有作為的。

在施行「借梯登高」之計時，一般要遵循以下步驟：

一、找「梯」，與有影響力的人做朋友

對於一般人來說，在求職或就業的過程中，應該隨時留意周圍的人的品格、能力及其影響力，要用真心去交朋友。為了贏得他人的真誠相助，你必須先付出真心，人心是肉長的，你長久以來的付出總會有所回報的。所以平時與人交往時，要看準是誰才有能力幫助你。

當然，與任何人相處都要以友善、真誠為根本。《圍城》中的方鴻漸就是靠這一點獲得了他岳父的信任，進而在銀行裡謀得了一個好職位。

二、借「梯」，求得朋友的幫助

朋友能否幫你的忙，還得看你平時表現如何。而這就要看你平時與人交往時，是否懂得目光要放遠些，不因小利而不為，亦不因利大而為之。如果你與對你求職就業有所幫助的朋友發生了不愉快，你應先諒解

他，小不忍則亂大謀，平時的基礎打好了，也就能「得來全不費功夫」。你待人好，人家對你自然會付出真心，在關鍵的時刻助你一把也算是在情理之中了。所以說，借「梯」的重責大任，完全是靠你在平時的為人處世之中先打好基礎。

這裡還需要說的是，有很多人並不是不會施行此計，而是難為情而不願意求人，總覺得這樣做很沒面子，而且好像是貶低了自己的能力。其實，這些想法是不需要存在的。不要忘記，即使是拿破崙也是需要別人幫他架起成功的橋梁，更何況你只是一個凡夫俗子？

☞ 不管是剛走出校門缺乏社會經驗的學生，還是在社會上歷練多年並擁有一些成就的成功人士，都必須知道想要順順利利地做成一件事情，做好一件事情，並得到社會的承認和認可，借助他人的幫助是非常重要的。

14 熱情可以改變整個世界

我們每個人都不得不承認：「熱情的力量是無限的，它幾乎可以改變整個世界。」

我們看國際風雲變幻，一個國家要發動戰爭，需要多長的準備時間呢？需要聯絡盟友，需要打國際宣傳牌，即使以現在的速度來說，三、四個月的準備時間那都是照少的說的。

但是在十九世紀，法蘭西皇帝拿破崙發動一場戰役卻僅僅只需要兩週的準備時間。之所以會有如此大的差距，正是因為他那無與倫比的熱情。在那小個子的身上，燃燒著火一般的熱情，他用自己的熱情橫掃了整個歐洲。

拿破崙在第一次遠征義大利的行動中，只用了十五天時間就打了六場勝仗，繳獲了二十一面軍旗、五十五門大炮，俘擄了一萬五千人，並占領了皮德蒙德。

而我們看當初美國打伊拉克時，出動的人員武器不可謂少，但是戰局卻老是僵持，雖然美國口裡叫囂得很厲害，但是他們的士兵並沒有燃燒著對勝利的渴望。而拿破崙與他的士兵正是以這麼一種根本不知道失敗為何物的熱情，從一個勝利走向另一個勝利。

缺乏熱情，軍隊無法取得勝利；缺乏熱情，人類不會創造出震撼人心的音樂，不會建造出富麗堂皇的宮殿，不能征服自然界各種強悍的力量，不能用詩歌去打動心靈，不能用無私崇高的奉獻去感動這個世界。

熱情，是所有偉大成就過程中最具有活力的因素。它融入了每一項發明、每一幅書畫、每一尊雕塑、每一首偉大的詩、每一部讓世人驚歎的小說或文章當中。

熱情是一種精神，具有一種無法摧毀的巨大力量。每個人的內心都有熱情，能感受強烈的情緒，可是沒有幾個人能依此情感行動，他們習慣於將熱情深深埋藏起來，這是多麼大的浪費呀。

卡內基把熱情稱為「內心的神」。他說：「一個人成功的因素很多，而屬於這些因素之首的就是熱情。沒有它，不論你有什麼能力，都發揮不出來。」可以說，沒有滿腔熱情，員工的工作就很難維持和繼續深入下去。比爾・蓋茲在被問及他心目中的最佳員工是什麼樣之時，他強調了這一項：一個優秀的員工應該對自己的工作滿懷熱情，當他對客戶介紹本公司的產品時，應該有一種傳教士傳道般的狂熱！

滿懷熱情，能讓你的做事效率略勝別人一籌。

著名人壽保險推銷員，美國百萬圓桌的會員之一法蘭克・派特，正是憑藉著熱情，創造了一個又一個奇蹟。

派特，原本是職業棒球選手。當初他剛轉入職業棒球界不久，就遭遇了有生以來最大的打擊，因為他被開除了。球隊的經理認為他的動作太無力，要他走人。他對派特這樣說：「你這樣慢吞吞的，哪像是在球場混了二十年。法蘭克，離開這裡之後，無論你到哪裡做任何事，若不提起精神來，你將永遠不會有出路。」

派特離開了棒球隊，但是經理的話對他產生了無形的影響，他的一生從此轉變。接著，派特去了新的棒球隊，他告訴自己：我要成為英格蘭最具熱情的球員。

後來，他一上場，就像全身帶電一樣。強力地將球擊出，使接球的人雙手都麻木了。即使是球場氣溫高到隨時都可能讓人中暑昏倒，他也依然在球場上奔來跑去。

這種熱情所帶來的結果讓他吃驚，因為熱情，他的球技出乎意料地發揮得淋漓盡致。同時，由於他的熱情，其他的隊員也跟著有了鬥志，大家合力打出了那一季最出色的比賽。

後來因為手臂受傷，派特不得不放棄打棒球。他改行到了人壽保險公司當保險推銷員，但他依然把自己熱情延續下去，很快的他就成了人壽保險界的大紅人。後來更被美國百萬圓桌協會邀請加入成為會員。

只要你有熱情，再比別人多一點熱情，你就能比別人收穫更多。派特他說：「我從事推銷三十年了，見到過許多人，由於對工作抱持著熱情的態度，他們的業績成倍地增加，我也見過另一些人，因為缺乏熱情而走投無路。我深信熱情的態度是成功推銷的最重要因素。」

熱情，就是一個人保持高度的自覺，把全身的每一個細胞都舞動起來，完成他內心渴望完成的工作；熱情就是一個人以執著必勝的信念、真摯深厚的情感投入到他想要研發的工作中，就是把全身的每一個細胞都啟動，為一個堅定不移的理想而奮鬥不懈。

熱情是事業成功不可或缺的條件。與其說成功取決於個人的才能，不如說成功取決於個人的熱情。思想家、藝術家、發明家、詩人、作家、英雄、人類文明的開拓者、大企業的締造者，無論他們來自什麼種族、什麼地域、無論在什麼年代，這些帶領著人類從野蠻走向文明的人們，無一不是充滿熱情的人。

熱情是一種旺盛的內分泌反應，一種對人、事、物和信仰的強烈情感。熱情的發洩可以產生善惡兩種截然不同的力量。歷史上有很多依靠個人熱情改變現實的事跡。小到一個愛情故事，大到一場歷史巨變——不論是政治、軍事、經濟、文化還是藝術，都因為有熱情的個人參與才得以進行。又有多少次，那些最初覺得自己不可能把握自己，施展力量的人，最後卻都能扭轉乾坤。

沒有熱情，軍隊就不可能打勝戰，荒野就不可能變成田園，雕塑也就不會栩栩如生，音樂就不會扣人心弦，詩歌就不會膾炙人口，人類就不會主宰自然，讓人們留下深刻印象的雄偉建築就不會立地而起，這個世界上也就不會有慷慨無私的愛。

愛迪生說過：有史以來，沒有任何一件偉大的事業不是因為熱情而成功的，最好的努力成果總是由頭腦聰明並具有工作熱情的人完成的。

熱情指引著職場中的人去行動、去奮鬥、去成功。如果失去了熱情，那麼你就難以在職場中立足或成長。熱情是激發潛能、戰勝所有困難的強大力量，它使你保持清醒，使全身所有的神經都處於興奮狀態，去進行你內心渴望的事；它不能容忍任何有礙於實現既定目標的干擾。

憑藉熱情，我們可以把枯燥乏味的工作變得生動有趣，使自己充滿活力，培養自己對事業的狂熱追求，我們更可以獲得老闆的提拔和重用，贏得珍貴的成長和發展機會。

紐約中央鐵路公司前總經理佛瑞德瑞克・威廉生說過這樣的一句話：「我愈老愈更加確定熱情是成功的祕訣。成功的人和失敗的人在技術、能力和智慧上的差別通常並不大，但是如果兩個人各方面都差不多，具有熱情的人將更能如願以償。一個人能力不足，但是具有熱情，通常必會勝過能力高強但是欠缺熱情的人。」

熱情不僅是生命的活力，而且是工作的靈魂，甚至就是工作本身，這是一個年輕人的時代，世界讓年輕人成為真與美的詮釋者。

大自然的奧祕就是要由那些把生命奉獻給工作的人，那些熱情洋溢生活的人揭開。各種新興的事物，等待著那些熱情而且有堅強意志的人去開發。各行各業，人類活動的每一個領域，都在呼喚著滿腔熱情的工作者，熱情是一種激情、一種執著，熱情是所有取得偉大成就的人奮鬥過程中最具活力的因素，它的本質就是一種積極向上的力量。

誠實、努力、忠誠、才華……所有這些特徵，對準備在事業上有所作為的年輕人來說，都是不可或缺的，但是，更不可缺少的是熱情——將奮鬥、打拼看成是人生的快樂和榮耀。

成功與其說取決於人的才能，不如說取決於人的熱情。熱情，使我們的生命更有力；熱情，使我們的意志更堅強。不要畏懼熱情，如果有人以半憐憫半輕視的語調把你稱為狂熱分子，那麼就讓他這麼說吧！讓我們牢記這樣的話：「用你的所有，換取你工作上的滿腔熱情。」

☞ 熱情的態度是做任何事的必要條件。熱情可以讓你的事業飛黃騰達，熱情可以讓你的人生輝煌燦爛。任何人，只要具備了這個條件，都能獲得成功。任何事，只要具備了這個條件，都能順利完成。所以，做事千萬不要忽視熱情的魔力。

15 熱忱的態度是做事的必要條件

想要完成任何一件事熱忱是不可或缺的條件。或許你是真的很有才華，但才華很多人都有，明星大學畢業的才子才女們可多了，但他們都成功了嗎？一樣，也只有少數。只有當才華加上熱忱，才會有成功的結果。熱忱是一種無形的動力，因此我們要理智地運用它，以求進步。

倫敦有一位著名的建築師，在倫敦的許多地方，我們都可以看到刻有他名字的紀念碑，上面寫著：「本教堂和本城的建造者，克利斯托夫・雷恩長眠於此。他去世時已年過九十，這麼漫長的一生，他並非為了自己，而是為了公眾的利益而活著。」

這些紀念碑所紀念的這位建築天才，他一生從來沒有接受過任何正規的教育，卻為這個城市建造了五十五座教堂、三十五座大廳。有一次，他為了修復倫敦的聖彼得大教堂，特別去法國觀摩巴黎的建築。

在羅浮宮前，他感慨道：「要是能夠設計出這樣宏偉的建築，即使粉身碎骨也心甘情願。」他所設計的漢普敦宮、肯辛頓宮、德魯里蘭劇院、皇家交易所和大紀念碑等等建築物，都展現了他舉世無雙的才華。他把格林威治宮改造成了海員的休息之地，並在牛津設計建造了許多教堂和學院。在倫敦大火之後，他又為城市重設計出新的規劃方案。而他最重要的一件作品就是聖彼得大教堂，他為了這件作品傾注了三十五年的心血。

克利斯托夫・雷恩到了九十多歲，晚年身體仍然非常健康，然而他年幼時卻體弱多病，一直讓父母很不放心。這樣的身體條件，卻能擁有那樣不可思議的力量，正是出於他那無與倫比的熱忱。

正是這種熱忱，維克多・雨果在寫作《巴黎聖母院》的時候，把自己的外衣都鎖入櫃中，一直到作品完成以後才拿出來。他這麼做的目的，就是為了能夠全神貫注地投入工作。

著名演員加里克的話正是對這種熱忱的絕妙注解。一次，當一位事業不太如意的牧師問他，必須借助什麼力量才能把聽眾牢牢抓住的時候，加里克回答：「你跟我不一樣。你所傳教的雖然是永恆的真理，你自己也堅信不疑，但給人的感覺卻又好像是，你似乎並不怎麼相信自己所說的話。而我呢，雖然我自己知道我說的是一些虛構的、不真實的東西，但我說的時候卻像是我從靈魂深處都相信它們一樣。這就是我們之間的區別。」

被譽為「日本經營之神」的松下幸之助，在談到自己雇用員工的標準時說，他不愛用那些喜歡抱怨環境，抱怨職務、待遇與自己的才能不相稱的員工；他所喜歡任用的人是那種對工作滿懷熱忱，充滿責任心的員工，這種員工也許本身能力不那麼出色，但他們工作踏實、肯吃苦，他們對自己的工作不挑剔，真正能在工作上賣力，反而能夠為公司爭取更大的績效。

因此，松下先生對公司雇用到能力只能打七十分的中等人才，不僅不急不氣，反而說這是「公司的福氣」。松下本人就認為自己也不是「一流」人才，給自己打的分數也只有七十分。但正是這個七十分的松下，把松下這個名字變成了世界知名的一個品牌。

熱忱是一個人最有價值的特徵，不管是男、是女從事的是什麼職業。很多有才幹的人之所以失敗，很可能是因為缺乏熱忱。

當然，要一個人永遠地保持高度的熱忱是不可能的。每個人都會有疲勞的時候，都會有懈怠的時候，這個時候該怎麼辦？

韓國有一部電視劇叫《愛上女主播》，那位新聞節目的女主播，也有自己的煩惱，也有自己的不愉快，但是只要一面對鏡頭，她就一定會把自己的個人情緒都放到一邊，面對觀眾，就要微笑。「各位早，很高興又在這個節目與大家相會……」即使是很不開心的日子，出現在鏡頭裡的她微笑也沒有少過分毫。

即使是假裝的，也不要讓你的熱忱溜走，把它保持在你的臉上，保持在你的心中，久了，那就是真的。

「決定成功與失敗的原因，態度比能力更重要。」哈佛大學的一項研究說明：成功、成就、升遷等原因的八十五%是因為我們的態度，而僅有十五%是由於我們的專業技術。然而，現實中，我們往往花費著八十五%的時間、精力、金錢，來學習那十五%的成功因素，而對於占八十五%的成功因素卻從未意識到。

態度決定一切。態度的實質是一種熱忱的精神，有了這種精神，才能夠不講條件地自覺做好工作。

熱忱是工作最好的朋友，它是一種能源，當我們感到進展不順或一籌莫展時，能推動我們繼續前進。你的態度決定著你的工作成果。當一個人確實發揮了熱忱，他的工作就會飛快地完成。

☞ 熱忱是一個人對所做的事情的感覺和興趣。沒有熱忱，肯定對自己所做的事情不會盡心盡責，不會精益求精。有些人正是因為過於冷漠，對事情缺乏認真，做到哪兒算到哪兒，因此無法贏得尊重，更談不上讓自己的事業蒸蒸日上了。因此，做事需要的不是冷漠，而是熱忱。多一分熱忱，就會多一分收穫。

16 自以為了不起的人，一文不值

多問問自己「我做得怎麼樣？」，這就是一種責任心。

有一個替人割草打工的男孩打電話給布朗太太說：「您家的院子需要割草嗎？」

布朗太太回答說：「不需要，我已經有割草工人了。」

男孩又問：「我會幫您拔掉草叢中的雜草。」

布朗太太回答：「我的割草工已經做好了。」

男孩還是說：「我會幫您把草與走道的四周割齊。」

布朗太太說：「我請的那人也已經做了，謝謝你，我不需要新的割草工人。」

男孩便掛了電話，此時男孩的夥伴問他說：「你不是就在布朗太太那兒割草打工嗎？為什麼還要打這個電話？」

男孩說：「我只是想知道我究竟做得好不好！」

每一個人無論在什麼時候，無論做什麼事，都有義務、有責任地去做好它。這必須是發自內心的責任感，而不是為了獲得他人的讚賞。

責任心使得人們能無時無刻表現出一種令人信任的氣質，隨時隨地都讓人感覺到這是一個優秀的人。

千萬不要「自以為是」，而忘記了自己的責任。對於這種人，巴頓將軍的名言是：「自以為了不起的人，一文不值。遇到這種軍官，我會馬上調換他的職務。每個人都必須心甘情願為完成任務而奉獻。」

「一個人一旦自以為了不起，就會想著遠離前線作戰。這種人是道地的膽小鬼。」

巴頓想強調的是，在作戰中每個人都應付出，要到最需要你的地方去，做你必須做的事，且不能忘記自己的責任。

沒有責任感的軍官是不合格的軍官，沒有責任感的員工是不優秀的員工。責任感是簡單而無價的。工作就意味著責任，責任意識會讓我們表現得更加卓越。西點學員章程規定：每個學員無論在什麼時候，無論在什麼地方，無論穿軍裝與否，也無論是在擔任警衛、值勤等公務還是在進行自己的私人活動，都有義務、有責任履行自己的職責和義務。這種履行必須是發自內心的責任感，而不是為了獲得獎賞或別的什麼。

這樣的要求是非常高的。在任何時候，責任感對自己、對國家、對社會都不可或缺。正是這樣嚴格的要求，讓每一個從西點畢業的學員獲益匪淺。

社會在發展，你的單位部門也在發展，你個人的職責範圍也隨之擴大。很多下屬之所以不能在老闆的面前很快的升遷上來，絕大多數的原因，就是總以為「這不是我分內的工作」，因而不能發揮自己的主動精神，表現自己的才能。這是一種害怕承擔責任而逃避工作的行為，是影響自己出人頭地的一個大障礙。

因此，當老闆把一項額外的工作指派到你頭上的時候，你千萬不要推三阻四，不願承擔責任，你應該勇敢面對，把這種挑戰看成是一種難得磨練自己的機遇。

責任感是走向社會的關鍵品質，是一個人在社會上立足的重要資本。在工作中，一個勇於負責任的人一定會得到同事的信賴，更會贏得老闆的重用。而一個不負責任的人，只會砸了自己的飯碗，不會取得任何成就。

責任感是簡單而無價的。據說，美國前總統布魯門的桌子上擺著一個牌子，上面寫著：「Book of stop here」（問題到此為止）。如果在工作中對待每一件事都是「Book of stop here」，可以肯定地說，這樣的公司將讓所有人為之震驚，這樣的員工將贏得足夠的尊敬和榮譽。

巴頓將軍指出，在作戰中每個人都應付出，要到最需要你的地方去，做你必須做的事，而不能忘記自己的責任。切記，千萬不要利用自己的功績或手中的權力來掩飾錯誤，進而忘了自己應承擔的責任。

正確的做法是，承認它們，修正它們，並為它們道歉，最重要的是利用它們，要讓人們看到你如何承擔責任，和如何從錯誤中吸取教訓，這不僅僅是一種對待工作的態度，而且也會使同事和老闆對你更欣賞和信賴。

負責任的人是成熟的人，他們能把握自己的行為，做自我的主宰。負責任的員工，他們不會為自己的失誤尋找藉口，能夠全身心地投入工作，將工作負責到底。他們不會因老闆不在而放鬆對自己的要求，他們總能自動自發地工作，盡善盡美是他們對工作的要求。

初涉職場，因為年輕缺乏經驗，做錯事後怕上司或老闆的責怪，怕同事的嘲笑，總是有推卸責任的習慣。這是非常不好的習慣，它對自我的損害是無與倫比的，因為它是以信任為代價的。由於不負責任而失去別人對你的信任，你的職場生涯發展之路將徹底斷送。

有人說，假如你非常熱愛工作，那你的生活就是天堂；假如你非常討厭工作，那你的生活就是地獄。因為在你的生活當中，大部分的時間是和工作聯繫在一起的。不是工作需要人，而是每一個人都需要工作。你對工作的態度決定了你對人生的態度，你在工作中的表現決定了你在人生中的表現，你在工作中的成就決定了你人生中的成就。所以，如果你不願意拿自己的人生開玩笑，那就在工作中勇敢地負起責任來吧！

☞責任是簡單而無價的。責任心不僅是一種做事的態度，也是做事成功的必然保障。做人要有責任心，做事同樣也要有責任心，才能成功。

你對事情的態度決定了你對人生的態度，進而也決定了你的人生成就。因此，我們每個人都該記住：「做事千萬不要忘了自己的責任，不負責任等於毀了自己。」

17 不要成為藉口的奴隸

藉口是一種不好的習慣，一旦養成了找藉口的習慣，我們將會成為藉口的奴隸。

人的習慣是在不知不覺中養成的，是某種行為、思想、態度在腦海深處逐步成型的一個漫長過程。任何一種思想和行為的方式，只要不加思索，完全出於自發，它就成了習慣。習慣一旦形成，就具有很強的慣性，是很難改正的，更難根除。所以，我們千萬不要讓自己成為藉口的奴隸。

人的一生中會形成很多種習慣，有好的，有壞的。習慣總是在潛意識裡告訴你，這個事這樣做，那個事那樣做。良好的習慣對一個人影響重大，而不好的習慣所帶來的負面作用會更大。但是，在藉口的作用下，哪怕是做出了不好的事，你也會覺得是理所當然的。

當我們養成了找藉口的習慣，做事就會拖拉、沒有效率。

沒有任何藉口是執行力的表現，無論做什麼事情，都要記住自己的責任，無論在什麼樣的工作崗位，都要對自己的工作負責。

現實生活中有兩種人，一種是不找任何藉口做事情的人，另一種是整天找藉口為自己開脫的人。

我們經常會聽到各式各樣的藉口：

「這個問題太難了，我應付不了。」

「現在都下班了，明天再說吧！」

「這件事小王也有責任。」

「我太累了，這些事明天再做吧。」

……

這樣的藉口太多了，如果你是老闆，聽到員工這樣的推辭，也不會心情愉快的。我們缺少的正是那種想盡辦法去完成任務，而不是去尋找藉口的人。

在西點軍校，不管什麼時候遇到學長或軍官問話，只能有四種回答：

「報告長官，是。」

「報告長官，不是。」

「報告長官，沒有任何藉口。」

「報告長官，我不知道。」

除此之外，不能多說一個字，不能找任何藉口。

這看起來似乎很絕對、很不公平，但是人生並不是永遠公平的。

「沒有任何藉口」是美國西點軍校二百年來奉行的最高行為準則，是西點軍校傳授給每一位新生的第一個理念。它強化的是每一位學員想盡辦法去完成任何一項任務，而不是為沒有完成任務去尋找任何藉口，哪怕看似合理的藉口。

這麼做的目的是為了讓學員學會適應壓力，培養他們不達目的絕不放棄的毅力和承擔責任的勇氣。它讓每一個學員懂得：工作中是沒有任何藉口的，失敗沒有任何藉口，人生也沒有任何藉口；無論遭遇什麼樣的環境，都必須學會對自己的一切行為負責！

秉承這一項理念，無數西點畢業生在人生的各個領域取得了非凡的成就。經過統計顯示：二次世界大戰後，在世界前五百大企業裡面，西點軍校培養出來的董事長就有一千多名，副董事長有二千多名，總經理級有五千多名。任何商學院都沒有培養出這麼多優秀的經營管理者。

喜歡足球的朋友都知道，德國足球隊向來以作風頑強著稱，因而在世界賽場上有很搶眼的表現。

德國足球成功的因素有很多，但有一點卻是最重要的，那就是德國隊隊員在貫徹教練的意圖、完成自己位置所擔負的任務方面執行得非常徹底，即使在比分落後或全隊困難時也一如既往，沒有任何藉口。

你或許會說他們死板、機械，也可以說他們沒有創造力，不懂足球藝術，但成績說明一切。至少在這一點上，作為足球運動員，他們是優秀的，因為他們身上流著執行力文化的特質。

所以，無論是足球隊還是企業，或員工，如果喜歡找藉口不去執行，就算有再多的創造力也不會獲得好的成績。

不找任何藉口的人，他們身上所表現出來的是一種服從、誠實的態度，一種負責敬業的精神，一種完美的執行力。「沒有任何藉口」理念的核心是敬業、責任、服從、誠實，這一理念是提升辦事能力、成就大事最重要的準則之一。

但是，不幸的是，在生活和工作中，我們經常會聽到各式各樣的藉口。藉口讓我們暫時逃避了困難和責任，獲得了些許心理的慰藉。藉口是推卸責任的最好辦法，有多少人把寶貴的時間和精力放在了如何尋找一個合適的藉口上，而忘記了自己的職責和責任啊！

歸納起來，我們經常聽到的藉口主要有以下幾種表現形式。

一、這不關我的事

許多藉口總是把「不」、「不是」、與「我」緊密聯繫在一起，也就是指這不是我的責任。這種人不願承擔責任，把本應自己承擔的責任推卸給別人。

一個沒有責任感的人，不可能獲得別人的信任和支持，也不可能獲得別人的信賴和尊重。如果人人都尋找藉口，無形中會削弱團隊協調作戰的能力。

二、我很忙

還有一種藉口就是拖延。

如果細心觀察，我們很容易就會發現，幾乎每個單位裡都存在著這樣的人：他們每天看起來極為忙碌，似乎非常的負責盡職，但是，他們把本應很快就可以完成的事情，變得需要半天甚至更多的時間才能完成。

三、我以前不是這樣做的

尋找藉口的人總是不願意創新，他們缺乏一種自動自發工作的能力。因此，如果希望這些人做出創造性的成績是徒勞的。藉口會讓他們躺在以前的經驗、規則和思維慣性上舒服地睡大覺。

四、這件事我不會

這其實是為自己的能力或經驗不足而造成的失誤尋找藉口，這樣做顯然是非常不明智的。

藉口只能讓人逃避一時。沒有誰天生就能力非凡，正確的態度是正視現實，以一種積極的心態去努力學習、不斷進取。

五、他比我行

碰到艱難任務時，這是推脫責任的最好藉口，把難題扔給了別人。

這種人是消極頹廢的，他們養成了尋找藉口的習慣後，遇到任何困難和挫折時，都不是積極地去想辦法克服，而是去找各式各樣的藉口。這種消極心態剝奪了個人成功的機會，最終讓人一事無成。

☞ 做事時不能有任何藉口，把尋找藉口的時間和精力挪到努力中來吧！做事只有具有這種態度，成功才會屬於你！

18 越拖延越失敗，越失敗越拖延

如果你留心觀察一下那些拖延的人，就不難從他們的話中找到一些共同的詞語——「或許」、「希望」、「但願」——這三個詞構成了拖延者的心理支撐系統，並成為他們不願去做某事的理由。

而「但願」、「希望」無異於童話故事中的夢想，完全是浪費時間。無論你怎樣「希望」或「但願」，對你手中的事情都無濟於事，你只不過是在為自己尋找一種藉口而已。例如，我們可以聽到他們說道：

「我希望工作中遇到的這個問題可以得到解決。」

「但願情況會稍好一些。」

「或許問題並不嚴重。」等等。

而事實上，你在工作中遇到的問題並沒有得到解決，情況也沒有好轉。對於我們每個人來講，只要你具有一定的決心和毅力，你就可以處理好自己的工作。然而，如果你總是將自己的工作一再拖延，遇到什麼問題也不願意想辦法解決，把工作就這麼拖著，那你就是在逃避現實，懷疑自己，甚至是在欺騙自己。

對自己的工作一再拖延，會浪費掉你的大好青春，當你回首昨日時，才發現原來除了自己拖延的藉口外，就沒剩下什麼了。這種心理是萬萬要不得的，不要給自己找藉口，工作中遇到的問題一定要解決，你把它放在那裡不去管它永遠不會有結果，即使你的心裡再怎麼期望也沒有用，屬於現在的事情就不要延到以後。

拖延，對任何事情來說都是個惡魔。拖延，會讓你喪失有利的時機，讓你即將到手的成功化為烏有。拖延，對於一個企業，尤其是一個需要不斷創新來維持自己運行的企業來說，貽誤商機，耽誤工作，就好比卡住了企業的咽喉，使企業再也發展不起來。

那如何才能杜絕拖延呢？

一、儘量減少拖延，爭取時間

我們都知道，科技化的生產為的是縮短時間的運用，就可以獲得無限的財富。在科技被應用之前，有很長的一段時間被人為地浪費了，如果把這段時間利用起來，真不知道我們的企業會發展到何種程度。微軟就在這段時間上下功夫，創造了奇蹟。

作為走在科技尖端的微軟，縮短開發與應用的時間對於企業的生存至關重要，身為企業的一名員工，尤其是技術性的員工，更是要舞動起全部的精力，把每一點能節省的時間節省。在微軟的企業中，你處處都可以看到那些跑動起來的員工，每個員工都盡力縮短自己工作的時間，正是因為這些員工的努力，微軟才能一直占據全世界榜首。

你看，即使只是一點時間，那些能夠成功的人也會去留意，從這點我們就知道為什麼他們會這麼成功了。成功原來是從抓住一點點的時間而得來的。作為員工，如果你希望成為一個優秀的好員工，受到上司的重視，那麼你就一定要把自己拖延的壞習慣改掉。

二、不要以完美爲藉口

拖延時間的習慣，有的時候並不是那麼明顯，它也很有隱蔽性，以別的形式掩蓋自身。平時有很多人做事都力求完美，表面看起來這應該是很好的一種習慣才對，但實際呢？並不是這麼一回事，在他們不斷為完美而完美之時，時間已經悄悄溜走了。如果你珍惜時間，就要檢查一下自身是否患有「完美主義」的特殊毛病。

在實際的工作中要記住：不要等到所有情況都完美以後，才動手做，如果堅持要等到萬事俱備，就只能永遠等下去了。對自己要寬大些，不必要求絕對完美，才能常保身心舒暢。

三、克服拖拖拉拉的惡習

拖拉可以說是人類的一大天性。每個人都會有拖拉的毛病，到目前為止還沒有對付它的永久性的有效措施。但還是有一些小竅門可以借鑑。

要克服拖拉首先要弄清做什麼會使你收穫最大，你要專心致志地把精力投入在你認為重要的事情上面，不要讓那些「不應該做的事」占用你的時間。將你要做的事情根據結果的重要性排序，然後集中精力做重要的事，不理會那些瑣碎小事，然後對你自己、你的收穫以及它們在你的個人生活和事業上有什麼表現做一番自我評價。

每個人都不可能面面俱到，所以要選擇重要的事情去做。同時花時間考慮自己未來的發展，注意不要把精力放在那些已經做過的事情上，也別做浪費時間的事。抱著對自己認真負責的態度，每天排除一件這樣的事。

不要在拖拉的時候依然獎勵自己。請你嚴格自律，對自己的拖拉行為應當毫不留情地制止，不妨在自己心中自我扮演一個嚴厲的角色，自己督促自己。

克服拖拉的最佳辦法就是讓它逐漸消失在你的生活中。要實現這一點，有些事要多做，有些事要少做，有些事要採用完全不同的方法做，你的任務是把許多方法結合起來，不斷發掘對你適用的技巧。

學會有效地把事情辦好是杜絕拖延的最好辦法，為了實現這個目標，我們必須好好努力。

在英國亨利八世統治時代，還沒有郵政事業，信件都是由政府派出的信差發送的，而沒有準時送達信件的信差都會被處以絞刑，對於那時的信差而言，時間就是生命。

在古老的生活節奏緩慢的馬車時代，用一個月的時間歷經路途遙遠而危險的跋涉才能走完的路程，我們現在只要幾個小時就可以穿越。但即使在那樣的年代，不必要的耽擱也是犯罪。文明社會的一大進步是對時間的準確測量和利用。我們現在一個小時可以完成的任務，是一百年前的人們二十個小時的工作量。

「拖延帶來致命的危險後果」，由於凱撒沒有來得及早點看到一條消息，使他在到達議院時丟了自己的性命。駐紮在特倫頓的雇傭軍總指揮拉爾總督正在打牌時收到一份情報，情報的內容是說華盛頓的軍隊正在穿越德勒華，要向這裡進攻。但他沒有看就隨手把信塞到口袋裡，直到牌打完了才拿出來看。結果，等他倉促地把隊伍集合起來，則為時已晚，部隊全軍覆沒。僅僅幾分鐘的耽擱使他喪失了尊嚴、自由和生命！

成功有一對相貌平平的雙親——守時與精確。每個人的成功故事都取決於某個關鍵時刻，這個時刻一旦猶豫不決或退縮不前，機遇就會失之交臂，再也不會重新出現。

麻塞諸塞州的州長安德魯在一八六一年三月三日給林肯的信中寫道：「我們接到你們的宣言後，就馬上開戰，盡我們所能，全力以赴。我們相信這樣做是美國和美國人民的意願，我們完全廢棄了所有的繁文褥節。」一八六一年四月十五日那天是星期一，他在上午從華盛頓的軍隊那邊收到電報，而第二個星期天上午九點鐘他就作了這樣的記錄：「所有要求從麻塞諸塞出動的兵力已經駐紮在華盛頓及閘羅要塞附近，有的正在去往保衛首都的路上。」

安德魯州長說：「我的第一個問題是採取什麼行動，如果這個問題得到回答，第二個問題就是下一步該做什麼。」

英國社會改革家喬治・羅斯金說：「從根本上說，人生的整個青年階段，是一個人個性成型、思想和希望受到指引的階段。青年階段無時無刻不受到命運的擺布——某個時刻一旦過去，指定的工作就永遠無法完成，或者說如果沒有打鐵趁熱，某種任務也許永遠都無法完工。」

拿破崙非常重視「黃金時間」，他知道，每場戰役都有關鍵時刻，把握住這一時刻意味著戰爭的勝利，稍有猶豫就會導致災難性的結局。拿破崙說，之所以能打敗奧地利軍隊，是因為奧地利人不懂得五分鐘的價值。據說，在滑鐵盧戰役中，那個性命攸關的上午，拿破崙和格魯希就因為晚了五分鐘而慘遭失敗。布呂歇爾按時到達，而格魯希晚了一點兒。就因為這一小段時間，拿破崙被送到了聖赫勒拿島上，進而使成千上萬人的命運從此發生了改變。有一句家喻戶曉的俗語幾乎可以成為很多人的格言警句，那就是：「任何時候都可以做的事情，往往永遠都不會有時間去做。」

倫敦的非洲協會想派旅行家利亞德到非洲去，人們問他什麼時候可以出發。他回答說：「明天早上。」當有人問約翰・傑維斯（即後來著名的溫莎公爵），他的船什麼時候可以加入戰鬥，他回答說：「現在。」科林・坎貝爾被任命為駐印軍隊的總指揮，在被問及什麼時候可以派部隊出發時，他毫不遲疑地說：「明天。」

與其費盡心思地把今天可以完成的任務千方百計地拖到明天，還不如用這些精力把工作做完。而任務拖得越久就越難以完成，做事的態度就越是勉強。在心情愉快或熱情高漲時可以完成的工作，被推遲幾天或幾個星期後，就會變成苦不堪言的負擔。在收到信件時沒有馬上回覆，以後再想起來回信就不那麼容易了。許多大公司都有這樣的制度：所有信件都必須當天回覆。

「沒有任何一個時刻像現在這樣重要，」愛爾蘭女作家瑪麗・愛奇沃斯說，「不僅如此，沒有現在這一刻，任何時間都不會存在。沒有任何一種力量或能量不是在現在這一刻發揮著作用。如果一個人沒有趁著熱情高昂的時候採取果斷的行動，以後他就再也沒有實現這些願望的可能了。所有的希望都會消磨，都會淹沒在日常生活的瑣碎忙碌中，或者會在懶散消沉中流逝。」

科貝特說，他的成功可以歸於「隨時做好準備」的積極態度。如果不是這一點，即使把他所有的天賦加起來，也不會有太大的作為。

「正是因為這種個性，我才會在軍隊裡得到陞遷。」科貝特說，「如果我要在十點鐘工作，九點鐘我就做好了準備，從來沒有一個人或一件事因為我而耽擱一分鐘。」

有人問瓦爾特・雷利：「你怎麼在這麼短的時間內得到這麼大的成就呢？」「如果我需要做什麼事情，我就馬上去做。」這就是全部的答案。習慣於採取果斷行動的人，即使偶爾犯錯誤，也比一個頭腦聰明卻總是磨蹭拖延的人更有機會獲得成功。

☞

既然，我們都已經明白了拖延的危害，以及它的表現形式，那讓我們一起來把拖延的習性打垮吧！立即行動才能追尋到你期望的成功，因此，做事一定要杜絕拖延。

19 別讓消極變成習慣

當你面對失敗時，當你恐懼、憂鬱、悲傷時，最好的辦法就是建立足夠的自信心，積極擺脫這些困境，重獲新生。

驅逐精神上的「擅自占有者」能夠幫你重獲新生。

缺乏堅定的信念，是許多人的一大通病，但接下來的這個人並不是這樣，他是把信念當作是自己的一座獎盃。

羅傑・羅爾斯是美國紐約州歷史上第一位黑人州長。他出生在紐約聲名狼藉的大沙頭貧民窟。這裡環境骯髒，充滿暴力，是偷渡者和流浪漢的聚集地。在這兒出生的孩子，在耳濡目染之下，他們從小逃學、打架、偷竊、甚至吸毒，長大後鮮少有人從事體面的職業。然而，羅傑・羅爾斯是個例外，他不僅考上了大學，而且成了州長。

在就職的記者招待會上，一位記者對他提問：是什麼力量讓你邁向州長寶座的？面對三百多名記者，羅爾斯對自己的奮鬥史隻字未提，只談到了他上小學時的校長——皮爾・保羅。

一九六一年，皮爾・保羅被聘為諾必塔小學的董事兼校長。當時正值美國嬉皮風流行的時代，他走進大沙頭諾必塔小學的時候，發現這兒的窮孩子比「迷惘的一代」還要無所事事。他們不與老師合作，曠課、鬥毆，甚至砸爛教室的黑板。

皮爾・保羅想了很多辦法來開導他們，可是沒有一個是奏效的。後來他發現這些孩子都很迷信，於是在他上課的時候就多了一項任務——幫學生看手相。他用這個辦法來鼓勵學生。

當羅爾斯從窗臺上跳下，伸著小手走向講臺時，皮爾・保羅說：「我一看你修長的小拇指就知道，將來你是紐約州的州長。」當時，羅爾斯大吃一驚，因為長這麼大以來，只有他奶奶肯定過他，說他可以成為五噸重小船的船長。這一次，皮爾・保羅先生竟說他可以成為紐約州的州長，著實出乎他的預料。他記住了這句話，並且相信了它。

從那天起，「紐約州州長」就像座獎盃，羅爾斯的衣服不再沾滿泥土，說話時也不再夾雜汙言穢語。他開始抬頭挺胸的走路，在以後的四十多年間，他沒有一天不按州長的身分要求自己。五十一歲那年，他終於成了州長。

在就職演說中，羅爾斯說：「信念值多少錢？信念是不值錢的，它有時甚至是一個善意的欺騙，然而你一旦堅持下去，它就會迅速升值。」

在這個世界上，信念這種東西任何人都可以免費獲得，所有成功的人，最初都是從一個小小的信念開始的。信念就是所有奇蹟的萌發點。生活中應該有一個守則，用以時時提醒我們「持續不懈地改善危機」。當我們有了這種意義的想法，就能夠啟發我們更積極地思考，進而影響我們為克服危機所做的一切決定。

華盛頓大學的心理學家發現，樂觀者在面對求職遭拒之類的挫折時，多半會擬訂行動方案，尋求他人幫忙或忠告。悲觀者遇到類似困境，多會試著忘掉一切，或認定事情已無挽回的餘地。而樂觀者通常只有在真正無法挽救的情況下，才會出現這種態度。

賽利曼博士說：「克服危機之道，在於屢敗屢戰的精神。」

☞ 成功與失敗的最大區別是成功者總是用積極的心態去看待事情，而失敗者總是用消極的心態去看待事情。因此，千萬不要讓消極的思想占據自己的心靈。

20 別掉進虛榮心的陷阱裡

在日常生活中，我們之所以經常失敗，不是因為對手比我們強，而是因為我們自己的狂妄自大，潛藏在我們的焦躁輕敵的心境之中。我們之所以不敢面對自己的缺點或是承認失敗，是因為我們從來都不曾把自己的虛榮心去掉。

現在我們套用一句俗話：「天作孽，猶可恕；自作孽，不可活。」所以說是我們自己殺死自己的，不要怨天尤人。我們最大的缺點就是自以為是，明明不懂得事情，偏偏要裝作很懂的樣子，結果到最後鬧出不少笑話，重者命送黃泉。

所以有一位哲人說過這樣一句話：智者是不會自驕自大、自以為是的，會這樣做的只有蠢人！

三國時代的關羽，過五關，斬六將，單刀赴會，水淹七軍，是何等的英雄氣概。可是他致命的弱點就是剛愎自用，固執偏激。說話做事不顧大局，不計後果，導致了吳蜀聯盟的破裂。最後刀兵相見，關羽也落個敗走麥城、被俘身亡的下場。

假若關羽少一點偏激，不意氣用事，那麼，吳蜀聯盟大概不會遭到破壞，荊州的歸屬可能也不是另外一種局面。

關羽不但看不起對手，也不把同僚放在眼裡，名將馬超來降，劉備封其為平西將軍，遠在荊州的關羽大為不滿，特地給諸葛亮去信，責問說：「馬超能比得上誰？」

老將黃忠被封為將軍後，關羽又當眾宣稱：「大丈夫終不與老兵同列！」目空一切，氣量狹小，盛氣淩人，其他的人就更不在他眼裡，一些受過他蔑視侮辱的將領對他既怕又恨，以致當他陷入絕境時，眾叛親離，無人願意救援，促使他迅速走向敗亡。

人很容易掉到自己給自己設下的陷阱裡面去，通常這個陷阱都是由虛榮心建造而成的。虛榮心一強，做起事來必定要吃大虧。

每回見到老張，都要聽他訴苦。

老張是某企業的高階主管，他總是說他的事情很多，他很忙，他的行程排得非常緊湊。比如今天，指著行事曆上的記事，說道：「九點，XX山產開幕，要去講幾句話，不去又被說不重視。十點，有個表揚大會，要本人親自去領獎，我跟他們說了，去坐坐，話就不講了。十一點，有一個專案要簽字——也不是什麼大案子——但總得有個高階管在場呀！中午應酬吃飯還要上台講話，草稿倒是都有人擬好了，要不然我真的是沒辦法講下去。你看，下午從三點開始，新聞發布、頒獎、授旗，晚上還要看時裝表演，這也是政治嘛！瞧，行程滿滿的，天天如此，我還真像是被判了無期徒刑。」

他確實忙，忙著開幾個不痛不癢的會，講幾句不痛不癢的話，跑幾個不痛不癢的地方，念幾篇不痛不癢的文章。可悲的是，忙著這些無關緊要的事，他還以為正在建立不世的功勳呢！

有句成語叫做「碌碌無為」，碌碌，忙得不可開交，但卻是「無為」，太可怕了。

很多時候我們恐怕都沒有把什麼叫做「忙」真正的定義清楚。忙是什麼呢？忙應該是在特定的時段裡，朝著特定的目標進行，連續不斷的努力的一種生存狀態。

忙碌可以使我們的生活充實，讓我們回憶起來覺得自己對得起時間對得起自己，但是如果你只是為了不想閒著而去忙，只是為了顯現自己「很重要」而去忙，那麼無知的謊言往往就會欺騙你的心靈。

忙是不能欺騙和褻瀆的。記得李宗盛曾在一首歌中這樣唱：「忙、忙、忙。忙的已經沒有主張 忙的已經失去方向……」其實，瞎忙的人就像放入軌道中身不由己的一個物件，也像是一個因為被抽打而轉動的陀螺，陷入這種狀態而不清楚自己在做些什麼。

一旦強權壓倒了真理，它就搖身一變，以真理自居，大言不慚，不管有多麼露骨。

有一次狼遇到了一隻離群迷路的羔羊，狼決定找個很好的藉口來吃掉小羊，以顯示自己的罪行是正當而且是合理的。因此，牠故意找碴說：

「我記得去年你曾經罵過我。」

羔羊嚇壞了，趕緊辯白：「去年我還沒出生哪！」

狼接著說：「那麼，你曾經在我的草地上吃過草。」

羔羊回答：「不，狼先生，我還沒吃過草呢！」

狼仍然不依不饒，吼道：「那你一定喝過我井裡的水！」

羔羊悲慘地說：「到現在為止，我只吃過我媽媽的奶水。」

狼沒話說了，就露出本性：「不是你，就是別的羊，反正沒什麼區別，都是羊肉。」說完就把羔羊吃掉了。

壞心眼的人想要做壞事，找藉口還不容易嗎？弱肉強食，強者總是「有理」的。富人欺壓窮人，地主壓榨佃農，暴君鎮壓百姓，無一不是如此。

這樣淺顯的道理我們明明清楚，為什麼還要這樣去做呢？或許最重要的，是要先戰勝自己的虛榮心。

☞ 做人，驕傲要不得；做事，驕傲也不行。我們無論是做什麼事，都不能狂妄自大、浮躁驕傲。最忌以為自己已取得了一定的成績而驕傲自滿，這樣只會招來更大的失敗，只會吃更大的虧，最後只能自取滅亡。

21 不要為了炫耀而冒險

柯西出生於義大利，年輕的時候來到美國學習變魔術，成為世界知名的藝人。

終於他決定退休，渴望返回家鄉定居。他帶著所有財產，買了返回義大利的船票，及所有剩餘的金錢買了一顆鑽石，他把鑽石藏在艙房裡。

登船後，柯西向一位男孩表演如何能同時拋耍幾個蘋果。

不久，許多觀眾聚攏過來，這樣的場面使他非常得意，他跑回艙房拿出他的鑽石，向觀眾解釋說這是他畢生的積蓄，然後開始拋耍那顆鑽石。不久，他的表演愈來愈驚險。

後來他把鑽石丟得極高，觀眾皆摒息以待。眾人知道鑽石的價值，都求他不要再那樣做。

但在當時的氣氛刺激下，他再次把鑽石丟得更高。觀眾再次摒息，然後在他接住鑽石時鬆一口氣。

柯西對自己和自己的能力充滿信心，告訴觀眾他將再丟一次，這次他將鑽石拋到了另一個新的高度，甚至它將暫時從眾人眼前消失。觀眾再次求他不要那樣做。

但柯西憑著多年經驗而產生的自信，把鑽石高高拋向空中。真的消失了一會兒，然後鑽石又在陽光照耀下發出了閃爍的光芒。突然間，船隻傾斜了一下，鑽石掉入海中，從此消失得無影無蹤。

最後，觀眾都為柯西失去他所有的財產而感到惋惜。

☞

我們相信自己和自己的能力，以及過去成功的經驗，往往四周的人會求我們不要再冒險，因為他們明白靈魂的寶貴，但有些人仍繼續玩……卻不知道船將在何時傾斜，而我們將永遠失去機會。

22
有進有退才能掌控局面

有一年，在比利時某畫廊發生了這樣一件事：

美國畫商看中了印度人帶來的三幅畫，標價為二百五十美元，畫商不願出此價錢，於是唇槍舌劍，誰也不肯退讓，談判進入了僵局。

那位印度人惱火了，怒氣衝衝地當著美國人的面把其中一幅畫燒了。美國人看到這麼好的畫燒了，當然感到十分可惜。他問印度人剩下的兩幅畫願賣多少錢，回答還是二百五十美元。美國畫商仍毫不鬆口，又拒絕了這個價格，這位印度人把心一橫，又燒掉了其中一幅畫。

美國畫商只好乞求他千萬別再燒這最後一幅。當他再次詢問這位印度人願賣多少錢時，賣者說道：「最後一幅畫能與三幅畫是一樣的價錢嗎？」結果，這位印度人手中的最後一幅畫，竟以六百美元的價格拍板成交。

當時，其他的畫的價格都在一百美元到一百五十美元之間，而印度人這幅畫卻能賣得如此之高，原因何在？首先，他燒掉兩幅畫以吸引那位美國人，便是採用了「以退為進」的戰略，因為他「有恃無恐」，他知道自己出售的三幅畫都是出自名家之手。燒掉了兩幅，剩下了最後一幅畫，正是「物以稀為貴」。這位印度人還瞭解到這個美國人有個習慣，喜歡收藏古董名畫，只要他愛上這幅畫，是不肯輕易放棄的，寧可出高價也要收買珍藏。聰明的印度人施展這招果然很靈，一筆成功的生意垂手而得。

當然，要想成功地採用「以退為進」的策略，必須有一定的後盾並且要把握好分寸。「不打沒把握的仗」，心中沒有十分的把握而輕易使用此計，難免弄巧成拙。如果那位印度人不瞭解美國人喜愛古董的習慣，不能肯定他一定會買下那最後一幅畫而去燒掉前兩幅，如果最後美國人沒有買那幅畫，印度人可就是「賠了夫人又折兵」，後悔莫及。

你退一步，按照你所掌握的對方的心理，對方願意採取令你滿意的行動，你的「以退為進」才能達到雙贏的目的。

☜ 做任何事都必須要有周全的計劃，有進有退，這樣，你才能夠掌握控制局面的節奏，才能夠達到成功的目的。

我們做每件事都不可能順順利利的完成，總會遇到各式各樣的麻煩，這時候，既然前行無法通過，那不如繞個彎，說不定會收到不一樣的效果。

23 如何降低急躁情緒的產生

你如果感到十分煩躁，無法釐清思緒，請運用你的想像力，努力使自己進入一個寧靜的身心環境，進入一個安定、放鬆的境界。比如當你感到思緒紛亂的時候，就努力想像小河岸邊那寧靜的風景勝地，就會使你的緊張和煩躁情緒消退許多。

心急是吃不成熱豆腐的，做事也一樣，千萬不能心急，要有耐心。人們在不耐煩時，往往容易變得暴躁易怒，偏激無理，而使人感覺難以相處。這種行為是有害無益的，俗話說：「心急吃不了熱豆腐」。當一個人失去耐心的時候，同時也失去了理智的頭腦去分析事物。

怎樣使自己變得有耐心，在緊張的情況下也能保持心平氣和呢？也就是說在不同環境下怎樣消除不耐煩的情緒，對它有所控制呢？

急性子的人大都不願浪費時間，因此他們把時間安排得非常緊湊，工作中的時間都安排得恰好，不容許有什麼延誤或出什麼差錯。不過，要想萬無一失，最好還是留有一定的餘地，你所參加的約會越重要，預留的時間就應越充裕。如果是一場不可錯失的約會，那就應該預留出更多的時間作迴旋的餘地。

克服急躁，保持心平氣和的方法之一是經常反省自己是否常犯這種毛病。如果你的急躁情緒僅屬偶然，你的煩惱自會消失。但如果你經常怒火中燒，暴躁易怒，那就應該意識到你自己是否目中無人，以致於對任何人或任何事都不願等待。

幽默有時也能幫助你保持心平氣和，設法將難堪的場面以幽默的方式帶過，既可使對方感到有趣可笑又可化解一場難堪的場面，努力使自己成為一個觀察力敏銳的人，因為這樣有助於你降低急躁情緒的產生。

做個有耐心的人不容易，做到平心靜氣是處世態度的一種更高境界、一種氣度和一種修養。

有些朋友求人時心急如焚，巴不得對方馬上著手就辦。如果對方一、兩天沒什麼動靜，便有些沉不住氣了，一催再催，搞得人家很不耐煩。這也不是求人的正確態度。

也許，對方有自己的難處，不得不慢慢作打算；也許，他對答應你的事自有安排。一旦求了人家，就要充分相信人家。

☞

古話說：「病急亂投醫。」人在情勢危急的時候，往往採取一些下下之策去應對，以為會奏效，但結果卻恰巧相反，因此，做事時要有耐心，保持一種冷靜、淡然的心態是非常必要的。

CHAPTER 2

你需要自我挑戰

為什麼真正做到放棄完美、自我接受不容易？因為自我肯定這個事實，使你必須真正保持清醒的頭腦。振作情緒，抓住機遇，迎接生活的挑戰，這就是自覺的生活，積極的心態。

擁有真實自然的品格，不掩飾、不造作的人一定可以擁有最真誠的愛和真實的成功！

1 懂得吃眼前虧，才有機會得到最後勝利

幸福與災禍的關係是非常矛盾的，「塞翁失馬，焉知非福」就是最好的例證。你該知道，即使是看起來很倒楣的「吃虧」，也可能為你帶來意想不到的好處。

美國亨利食品加工工業公司總經理亨利・霍金士先生突然從化驗室的報告單上發現，他們生產食品的配方中，所添加的防腐劑有毒，雖然毒性不大，但長期食用對身體有害。如果不用防腐劑，則又會影響食品的保存日期。

亨利・霍金士考慮了一下，他認為應該誠實的對待顧客，毅然決然的要把這一有礙銷量的事情告訴每位顧客，於是他售透過電視媒體向社

會大眾宣布，防腐劑有毒，長期食用對身體有害。

這下子，霍金士必須面對許多外來的壓力，食品銷售量銳減不說，所有從事食品加工的老闆都聯合起來，用一切手段向他反撲，指責他別有用心，打擊別人，抬高自己，他們一起抵制亨利公司的產品。亨利公司的業績下滑到瀕臨倒閉的邊緣。

苦撐了四年之後，亨利・霍金士已經傾家蕩產，但他的名聲卻家喻戶曉。這時候，政府站出來支援霍金士。亨利公司的產品又成了人們放心滿意的熱門食品。

亨利公司在很短的時間裡便恢復了元氣，工廠的規模也擴大了兩倍。亨利・霍金士從此成為美國食品加工業的第一把交椅。

生活中總是有一些聰明的人，能從吃虧當中學到智慧，「吃虧是福」也是一種哲學的思想，其前提有兩個，一個是「知足」，另一個就是「安分」。「知足」則會對一切都感到滿意，對所得到的一切，內心充滿感激之情；「安分」則是讓人不去奢望那些根本就不可能得到的或者根本就不存在的東西。沒有妄想，也就不會有邪念。所以，表面上看來「吃虧是福」以及「知足」、「安分」會給人一種不思進取之嫌，但是，這些思想也是在教導我們能成為對自己有清醒認識的人。

人非聖賢，任何人都無法拋開七情六慾，但是，要成就大業，就得分清輕重緩急，該捨的就得忍痛割愛，該忍的就得從長計議。

中國歷史上劉邦與項羽在稱雄爭霸、建立功業上，就表現出不同的態度，最終也得到了不同的結果。蘇東坡在評判楚漢之爭時就說，項羽之所以會敗，就因為他不能忍，不願意吃虧，白白浪費自己百戰百勝的勇猛；漢高祖劉邦之所以能勝就在於他能忍，懂得吃虧，養精蓄銳，等待時機，直攻項羽弊端，最後奪取勝利。

劉邦正是靠著忍一時之氣的技巧贏得了最後的勝利。有人說劉邦是一忍得天下，相信這種智慧不是有勇無謀的人可以修煉到的本領。對於今天的現實生活，我們不一定會遇到這樣的敵我關係，但無論在何種情況之下，都要記得勇氣不是有勇無謀一味地衝鋒陷陣，而是需要忍讓、懂得如何吃虧，它們都是勇氣的表現。

☞ 有人總是把眼前的利益看得很重，結果是失去了永遠的勝利，其實真正的聰明人是寧吃眼前虧，而換來日後的成果。懂得吃眼前虧，才能養精蓄銳，等待時機，贏得最後的勝利。

做大事者懂得等待時機成熟，要學會「忍一忍」，等待時機的成熟。這種忍，不是性格軟弱，忍氣吞聲、含淚度日之舉，而是高明的人的一種謀略，是成大事的上上之策。美國前總統林肯說過：「對暫時鬥不過的小人要忍耐。」與狗爭道必被咬傷，還不如讓狗先走。因為即使你把狗給殺了，也不能醫好被咬的傷痕。

2 穩重才能成就大事

第四次中東戰爭初期，以色列「王牌裝甲旅」毀於一旦。

一九七三年十月六日，埃及趁著以色列「贖罪節」的時候，突然發動攻擊。一方精心策劃，長期準備，另一方則放鬆懈怠，毫無警覺，結果可想而知。以色列軍隊連連受挫，盛怒之下，決定孤注一擲，把以色列的「王牌旅」一九〇裝甲旅投入戰鬥。

作為百戰百勝的「王牌旅」旅長，阿薩夫・亞古里已經習慣了在勝利之中接受歡呼，接受上級的勳章，而把戰略部署與戰術研究，以及瞭解廠方虛實拋在腦後。他已經變成一個極其浮躁的傢伙。

進攻命令被埃軍破解了，並由埃軍第二步兵師在以軍前進方向上埋伏，突擊「王牌旅」。一九〇裝甲旅對埃軍的伏擊全然不知，只望能儘快趕到菲爾丹橋完成任務，為以軍大規模組織反擊創造良機。當以軍占領以色列部隊退守的第二道防禦陣地前，即與埃及軍隊第二步兵師先頭部隊相遇，一九○裝甲旅先後從不同方向發起三次攻擊，每次均出動一個坦克連的兵力，但都被埃軍的猛烈火力擊退，先後有三十五輛坦克被擊中。

此時，旅長亞古里本應冷靜分析戰勢，改變戰術，然而他見三次攻擊都受挫，怒火攻心，暴跳如雷。作為以色列軍中的「王牌旅」竟然損兵折將，連連受挫，這面子將擺往何處？

盛怒之下，竟將剩下的八十五輛坦克全部集結在第二道防線，準備孤注一擲，狂妄傲慢的亞古里此刻情緒激動，對部屬的意見充耳不聞，只想挽回王牌旅的面子。他大聲喊道：「前進！前進！」就像一頭抓狂的獅子一般。結果遭到埃及各種反坦克武器的突然襲擊，埃軍採取集中火力齊射的打法，在同一時間、對同一坦克發射三、四枚導彈，最後剩餘的八十五輛坦克就在瞬間全部被殲滅。旅長亞古里乘坐的坦克也被擊中起火，他慌忙從坦克裡跳出來，當場被埃及士兵俘獲。

「王牌旅」旅長亞古里之所以會兵敗被俘，主要是怒火沖昏了他的頭腦，急躁使他失去了判斷力，嚴重的犯了兵家大忌。

☞ 成功之路，艱辛漫長又曲折，只有穩步前進才能堅持到終點，贏得成功。如果一開始就浮躁，那麼，你最多只能走到一半的路程，然後就會半途而廢。

對於渴望成功的人，應該記住：穩重才能成就大事，做事切不可浮躁。

3 有機會就該釋放自己的潛能

人的潛能到底有多大？這個問題恐怕是任誰也無法回答的。因為按照科學家的說法，人的一生只能用去其腦力的一％，也就是說，每個人都有九十九％的潛能有待挖掘。

我們不知道自己的無限潛能是因為人都有惰性。如果可以依賴，可以不動腦筋，那麼就沒有人會刻意的發揮出自己的潛能來，這個現象在女性身上最為明顯。也許是因為社會付予的角色，也許是因為「父權」社會的餘波，女人在社會中總是扮演依附性的角色（當然並不代表所有的女性都是依附於男性的）。可是如果一旦失去對男性的依靠，女人往往會爆發出驚人的力量，比如離婚的女人，因為有過失敗的婚姻，對男性的信任度也下降，因此她們更加的需要靠自己創造生活。而事實上，很多女性已經用自己的行動證明女人的潛能是無限的，原來她們離開男人會生活得更好。

這就是潛能的力量。但是很可惜，並不是每個人都有機會釋放出自己的潛能。所以我們更應該在日常工作中學著為自己訂定目標，對自己要求得更高一些，去做那些你認為自己做不來的事，也許你就會發現，很多能力都是要靠自己挖掘才能表現出來的。優秀的人就是懂得如何充分發揮自己潛能的人。

有一則有趣的故事：

有一個人死後到了天堂，聖彼得在天堂的門口迎接他，並帶他到處參觀。走到天堂的車房，那人看見停泊著的車輛中，有很多是小房車，和幾部寥寥可數的勞斯萊斯大房車。這位天堂的新公民有點奇怪為什麼有那麼多小房車而名貴的汽車卻那麼少，於是請求聖彼得解釋一下。

聖彼得攤開雙手無可奈何地說：「我也沒有辦法，人世間的人祈禱的時候，絕大多數要求天主賜給他們小房車，只有少數的人敢要求擁有勞斯萊斯，所以就形成現在這種奇怪的現象了。」

這個故事的寓意是什麼呢？它是說大部分的人都小覷自己的能力，自己限制自己本身的發展，有小小的成就便以為自己已經到達巔峰狀態，於是不肯再突破，堅決不再向上爬，結果白白浪費了自己的潛能，錯過無數向前邁進的機會。

有一個人自小就非常喜歡繪畫，他的作品時常被老師選出來貼在教室的公布欄上，因此有一段時期，他常夢想自己將來會成為出色的畫家。可是這個人的父母看見他對繪畫的興趣及天分卻嚇了一跳，因為他們認為以繪畫為生是一件很不穩定的工作，於是他們千方百計地去勸阻孩子發展繪畫的潛能。

他們告訴孩子：「你完全沒有繪畫天分。」他們對孩子所畫的圖畫不但不欣賞，還諸多批評。漸漸地，孩子開始相信自己對繪畫真的沒有天分，他對這個曾經一度喜愛的嗜好失去興趣，他放下了畫筆。又過了一段時間，他發覺自己根本不懂得作畫。不久，他甚至一提到繪畫便露出憎惡的神情。孩子的父母終於達到了他們的目的。

這個孩子長大以後，成為一名中學的數學教師，這份工作他也算稱職，但他總是提不起勁投入工作，不到三十歲，他已經意志消沉得想完全放棄工作，不過基於對父母及自己家庭的責任感，他仍然咬著牙一直做下去。

在一個偶然的機會中，他被邀請替一本教科書畫幾張插圖，他一拿起畫筆便再也無法放下。這次，他的妻子企圖勸阻他，可是他對她說：「我的父母已經嘗試過強迫我放棄自己心愛的嗜好，我嘗試著聽從了他們，為此浪費了我的潛能。我絕不能再重犯這個錯誤了。」

不久，他辭去了教書的工作，專職替人繪畫各式各樣的插圖。有空的時候，他就不停地畫，他希望不久的將來可以舉行個人畫展。他說：「現在我才覺得自己是真正地在生活。」

試著問問自己：我有什麼特別的地方？我有什麼素質是其他人沒有

的？我做什麼事情時覺得最舒服？我做什麼事情做得特別好？我有什麼嗜好？我有什麼與生俱來的才能？有什麼事情我做得特別自然？空閒的時候我會去做什麼事情？這樣就可以找到你的興趣所在，只有在這些有興趣的領域裡你才可能發揮出自己的潛能。

許多時候，父母、老師及其他長者，會為了我們將來有安定的生活，而替我們選擇一條安穩有保障的路。可是當他們這樣做的時候，往往忽略了我們的潛能，造成很大的浪費。

因此當我們生活得不如意，覺得未能發揮潛能時，不妨問問自己：「父母為我們所創造的自我形象是否有問題？」如果你覺得確實有問題的話，那就表示你的生活方式，未能將你的潛能激發出來，你需要改變。

還有一種情況，當別人說：「你最在行是做……」，「這件事找到你辦就確保無誤」，「我早知道你對此事的反應會如此了」，「你別的可能不行，這個一定行」等話時，將這些話詳細地用筆記錄下來。如此做了數星期之後，有系統地分析你的筆記。你將會發覺你的行為有一定的模式，原來你一直在無意間顯露出自己某方面的興趣及才華。

這些興趣及才華很可能是你自己以前從未意識到的，不過如果你相信「旁觀者清，當局者迷」這句話，你絕不會對這些發現掉以輕心，因為它們會帶領你發掘到自己真正的潛能所在。

☞ 玉不琢不成器，人的潛能也一樣，不去發揮猶如一潭死水，日子久了便會發臭。

4 為自己做一個優先順序表

有許多人都是依據事情的急迫性，而不是事情的重要程度來安排先後順序，這樣的做法是被動而非主動的，成功的人一般不會這樣工作。成功做事的精髓即在於：先分辨清輕重緩急，設定優先順序。

成功的人都是以分辨主次的辦法來完成自己的計劃。這樣的計劃條分明，不至於出錯，因此，為自己做一個優先順序表是養成「計劃行事」好習慣的第一步。

計劃的完成應該是有章法的，不能雜亂無章，要善於掌握輕重緩急，養成計劃行事的好習慣。這樣才能一步一步地把事情做得有節奏、有條理，最終使計劃如期圓滿地完成。

在緊急但不重要的事情和重要但不緊急的事情之間，你首先去辨哪一個？面對這個問題你或許會很為難。

法國哲學家布萊斯・巴斯卡所說：「把什麼放在第一位，是人們最難懂得的。」在現實生活中，許多人都是這樣，對他們來說，這句話不幸而言中，他們完全不知道怎樣把人生的計劃和責任按重要性排列。他們以為工作本身就是成績，但這其實是大謬不然。

實際上，懂得生活的人都明白輕重緩急的道理，他們在處理一年、一個月、一天的事情之前，總是按主次的辦法來安排自己的時間：

一、把重要的事情放在第一時間處理

商業及電腦鉅子羅斯・佩羅說：「凡是優秀的、值得稱讚的東西，無時無刻都處在刀刃上，要不斷努力才能保持刀刃的鋒利。」羅斯認為，人們確定了事情的重要性之後，不等於事情會自動完成。你或許要花很多的時間與精力才能把這些重要的事情做好，要永遠記得把它們放在第一時間處理，你肯定要費很大的勁。以下是有助於你做到這一點的三個步驟：

評估——首先，你要用需要、目標、回報和滿足感四大原則來對將要做的事情作一個評估。

排除——第二步是必須去排除你不必要做的事，把要做但不一定要你做的事委託別人去做。

規劃——記下你為達到目標必須做的事，包括完成任務需要多長的時間，誰可以幫助你完成任務等。

二、精心確定主次

在確定每一年或每一天該做什麼之前，你必須對自己應該如何利用時間要有更全面的安排。要做到這一點，你要問自己四個問題：

我的目標和責任是什麼——我們每一個人來到這個世界上，都是一種巧妙的安排。我們每個人都肩負著一個沉重的責任，按指定的目標前進。可能再過二十年，我們每個人都有可能成為公司的主管、大企業家、科學家。所以，我們要解決的第一個問題就是，我們要明白自己將來要做什麼。只有這樣，我們才能持之以恆地朝這個目標不斷努力，把一切和自己無關的事情統統拋棄。

我需要做什麼——要分辨輕重，更應該知道自己需要做什麼。總有些事情是你非得親自去做不可的。重要的是你必須清楚的瞭解有那些事情是否一定要做，或是否一定要由你去做。

什麼能取得最大的效益——我們應該把時間和精力集中在能給自己帶來最高效益的事情上，即他們會比別人做得更出色的事情上。在這方面，讓我們用巴萊多定律（也稱二八定律）來引導自己：我們應該用八十%的時間做能帶來最高效益的事情，而用二十%的時間做其他事情，這樣的計劃是最具有戰略眼光的。

什麼能給我最大的快樂？人的一生無論你做過什麼，只要你問心無愧，輕鬆快樂，那麼，你的人生已經很完美了。快樂，是所有計劃、目標的出發點。無論你地位如何，你必需要把部分的時間用在能帶給你滿足感和快樂的事情上，這樣才會始終保持對生活的熱情。

三、根據優先法則開始行動

在確定了應該做哪幾件事之後，你必須按它們的輕重緩急開始行動。大部分的人是根據事情的急切性，而不是事情的重要程度來安排先後順序的。這些人的做法是被動而不是主動。懂得生活的人不能這樣，而是按重要的程度來處理事情。以下是幾個建議：

每一天的開始都有一張重要事件行程表。把你的計劃逐條列出，選出最重要的排在最前面，先去完成它，再安排時間做別的事情。

把事情按先後順序寫下來，定個進度表。把一天的時間安排好，這一項對於你是否能成就大事有很大關鍵的。這樣就可以將時間運用得當讓你集中精力處理要做的事。但把一週、一個月、一年的時間安排好，也是同樣重要的。這樣做可以讓你有一個整體的方向，使你看到自己的宏圖，進而有助於你達到目標。

計劃也要適時的改變。當有的計劃行不通或出現問題時，馬上予以修改，不要鑽牛角尖，改變個別步驟是為了保持計劃整體的完整。

你想要好好地按計劃行事，就一定要記住——千萬不要雜亂無章的行事。

☞ 遇到事情時如果亂無章法的行事，只會把事情越搞越糟，而事先列一份優先順序表，不僅有助於提高辦事的效率，更是有利於儘快達到目標。

5 專心做好一件事

一個人的精力是有限的，把精力分散在好幾件事情上，並不是明智的選擇，而是一種不切實際的考慮。在這裡，我們提出「一件事原則」，即專心地做好一件事，就能有所收益突破人生困境。這樣做的好處是不至於因為一下子想做太多的事，反而一件事都做不好，結果兩手空空。

想成大事者不能把精力分散於好幾件事上，只能關注其中之一。也就是說，我們不能因為從事分外的工作而分散了我們的精力。如果我們能集中精力專注於一項工作，就能夠把這項工作做得很好。

在對一百多位曾經榮獲傑出成就獎的商業人士進行商業哲學觀點分析之後，卡內基發現了這個事實：他們每個人都具有專心一致和明確果斷的特點。

做事有明確的目標，不僅能幫助你培養出迅速做出決定的習慣，還能幫你把全部的注意力集中在同一件工作上，直到你完成了這項工作為止。

能成大事的商人，都是能夠在最短的時間內做出正確而果斷決定的人，他們總是先確定一個明確的目標，並集中精力、專心一致地朝這個目標努力。

專心就是把意志力集中在某一個特定欲望上的行為，並且要一直集中到已經找出實現這項欲望的方法，而且堅決地將之付諸實際行動。

自信心和欲望是構成成大事者「專心」行為的主要因素。沒有這些因素，專心一致的神奇力量將毫無用處。為什麼只有極少數的人能夠擁有這種神奇的力量，其主要原因是因為大多數人缺乏自信心，而且沒有什麼特別的欲望。

對於任何東西，你都可以渴望得到，而且，只要你的需求合乎理性，並且十分的執著，那麼，「專心」這種力量將會幫助你得到它。

假設你準備成為一位偉大的作家，或是一位傑出的演說家，或是一位成功的商界主管，或是一位有著雄厚能力的金融家，那麼你最好在每天就寢前及起床後，花上十分鐘，把你的思想集中在這項願望上，以決定應該如何進行，這樣才有可能把它變成事實。

當你要專心一致地集中你的思想時，就應該把你的眼光放到一年、三年、五年甚至十年後，幻想你自己是那個時代最具魅力的演說家；假設你擁有相當不錯的收入；假想你利用演說的報酬購買了自己的房子；幻想你在銀行裡有一筆數目可觀的存款，準備將來退休養老之用；想像你自己是位極有影響的人物；假想你自己正從事一項永遠不用害怕失去地位的工作，惟有專注於這些想像，才有可能付出努力、美夢成真。

一次只專心做好一件事，全心全意的投入並積極的希望它成功，這樣你的心裡就不會感到精疲力竭。不要讓你的思維轉到別的事情、別的需要或別的想法上，專心於你已經決定去做的那個重要目標，放棄其他所有的事。

把你需要做的事想像成是一大排抽屜中的一個小抽屜。你的工作只是一次拉開一個抽屜，令人滿意地完成抽屜內的工作，然後將抽屜推回去。不要總想著所有的抽屜，而要將精力集中於你已經打開的那個抽屜。一旦你把一個抽屜推回去了，就不要再去想它。

瞭解你在每次任務中所需擔負的責任，瞭解你的極限。如果你把自己弄得精疲力竭，那你就是在浪費你的效率、健康和快樂。選擇最重要的事先做，把其他的事放在一邊。

☞ 專注的力量是多麼神奇！做得仔細一點，好一點，專注一點，才能在其中得到更多的快樂，成功的機會才會大大的增加。

6 不要當少根筋的人

做任何事情之前都要養成先思考的習慣，思考你的目標、做事的步驟以及最後達到的效果。做事不動大腦的人總是遭到機會的淘汰。

這是一個少根筋的售貨員的故事：

售貨員小莎向來是個「少根筋的人」，每個月都是她的業績最差。

這一天，店裡進了一批變形花的洋裝。她像往常一樣，大聲地吆喝：「變形花噢！變形花噢！」這時走過來一位超胖的中年婦女，小莎不屑地看了這個「汽油桶」般的女人一眼，看到那個婦女身上被撐得變形的洋裝，她想：那個女人應該需要一件新的洋裝。於是她衝著人家更大聲地吆喝：「變形花噢！變形花噢！」那個胖女人以為這是在嘲笑自己裙子上的花被撐變形了，頓時火冒三丈，後果想必你也猜到了——胖女人鬧到經理處，小莎又一次失去了工作。

這就是一個「少根筋」的人的下場，這僅僅是一件小事，但是不懂得思考就會有更糟糕的下場等著你。

任何一個有意義的構想和計劃都是出自於思考，而且越勤於動腦，收穫就會越大。一個懶得思考難題的人，會遇到許多取捨不定的問題；做事前多動動腦筋，你的行動就會更有選擇性，收穫就會更大。有成就的人都有勤於思考的習慣，善於發現問題、解決問題。

我們身邊有很多「機會」的影子。自然界的力量願為人類服務。千百年來，閃電一直想引起人類對電的注意，電可以替我們完成那些枯燥乏味的工作，讓我們有更多的時間來開發其他的能力。潛在的能力到處都有，要由深邃的思想和敏銳的眼光來發現。不勤於動腦，一切機會都有可能與你擦肩而過。

不要總是羨慕別人的成功或是財富，那是思考和行動的結晶。沒有任何一個懶惰天天睡大覺的人可以有所發明創造。

一個善用觀察力的男人發現自己的鞋眼被拉了出來，因為買不起新鞋，便想著：「我要做個可以鑲到皮革裡的帶鈎金屬圈。」當時他貧困潦倒，連割屋前的雜草都還要向別人借鐮刀，而就靠這項小發明他成了一位富翁。

新澤西的紐瓦克有一位善於觀察的理髮師，他覺得理髮的剪刀有待改進，便發明了理髮推剪，由此發了大財；緬因州有位男子不得不幫助臥病在床的妻子洗衣服，他感到傳統的洗衣方法既耗費時間，又消耗體力，便發明了洗衣機，這樣他也成了富翁；有一位先生受盡牙痛之苦，心想應該有一種方法把牙塞起來止痛，便發明了黃金塞牙法。

米開朗基羅在佛羅倫薩街邊的垃圾堆裡撿到一塊被人扔掉的大理石，這塊大理石是被一個不熟練的工人在切割過程中損壞的。無疑也有其他藝術家注意到了這塊品質優良的大理石，但因其被損壞，所以非常痛惜。只有米開朗基羅看到這塊廢棄大理石中的天賦，用鑿子和錘子創作出人類歷史上一件最優秀的雕像——《大衛像》。

帕特里克•亨利年輕時被人視為懶惰的廢物，務農、經商均一事無成。他學習了六個星期的法律便掛出營業招牌，在打贏第一場官司後，他終於覺得自己即使在家鄉佛吉尼亞也能獲得成功。英國當局通過印花稅條例後，亨利被選入佛吉尼亞州議會，提出了反對這一項不公平徵稅的法案。他終於成為美國最出色的演說家。

☞

思考才是最實際的成功法則，很多偉大的發明創造都是源於不斷的思考。因此，如果你想成就一件事情，一定要先動腦筋。只有思考才能誕生偉大的夢想；沒有思考，人生將像一盤散沙。

7 不要讓計劃拖成「廢話」

有的人常會犯這樣的毛病：當我們從樓上跑下來後，發現有一件重要的事情還沒有辦理，於是又跑上樓去；好不容易又下了樓，鑽進計程車時，又想起門沒有關，於是又再次跑上樓去。反反覆覆，這樣你的計劃會今天拖明天，明天拖後天，計劃也變成了「廢話」。養成統籌規劃的習慣，在做事時尤為重要。

有一次，一位公司的經理去拜訪卡內基，看到卡內基乾淨整潔的辦公桌感到很驚訝。他問卡內基說：「卡內基先生，你沒處理的信件放在哪兒呢？」

卡內基說：「我所有的信件都處理完了。」

「那你今天沒做的事情又交給誰了呢？」那位經理追著問。

「我所有的事情都處理完了。」卡內基微笑著回答。看到這位公司老闆困惑的神態，卡內基解釋說：「原因很簡單，我知道我所需要處理的事情很多，但我的時間及精力有限，一次只能處理一件事情，於是我就按照事情的重要性，列一張順序表，然後就一件一件地處理。結果，完成了。」說到這兒，卡內基雙手一攤，很輕鬆地聳了聳肩膀。

「噢，我明白了，謝謝你，卡內基先生。」

幾週以後，這位公司的老闆請卡內基參觀其寬敞的辦公室，對卡內基說：「卡內基先生，感謝你教我處理事務的方法。過去，在我這寬敞的辦公室裡，我要處理的文件、信件等等，都是堆得和小山一樣，一張桌子不夠，就用三張桌子。自從用了你說的法子以後，情況好多了，瞧，再也沒有沒處理完的事情了。」

這位公司的老闆，就這樣找到了做事的方法，幾年以後，成為美國社會成功人士中的佼佼者。

所以，做事一定要根據事情的輕重緩急，訂出一個流程表來。同時多動腦，充分發揮大腦的積極作用，這樣就會更有利於我們向自己的目標前進了。

☞ 做人，要規劃人生的方向，才能走好自己的人生之路；做事，要規劃事情發展的趨勢，才能為下一步而做準備。因此，不管做人還是做事，都必須學會統籌規劃。

8 做事不能忽略預先的計劃

當計劃成為一種習慣，你就已經具備了一個成功者需要具備的基本素質之一，你就掌握了邁向成功的砝碼。

美國百萬富翁羅傑和珍妮佛夫婦的發跡也起於一次偶然的計劃。二次大戰前，羅傑是一名推銷經理，妻子是一名時裝模特兒。二次大戰時，羅傑入伍，在服役中受傷，住進海軍醫院療養了一陣子。

在療養期間，他從事皮革加工以打發時間。羅傑和珍妮佛，他們倆人，作夢都沒想到這份工作竟然決定了他們往後的一生。

二次大戰結束，羅傑返鄉，恢復平民生活的某一天晚上，珍妮佛的一位朋友到他們家做客（此時他們住在紐約）。茶餘飯後，大家閒談了一陣子之後，這位女士得意地向他們展示新買的手提包說道：「這手提包花了我八十塊美金。」

羅傑聽完之後，便把那只皮包拿過來，翻來覆去地看了一遍之後說，「太貴了！這種材質我用十五美金便可以幫妳做出來。」

第二天，為證明自己不是吹牛，羅傑馬上出門去買了一套工具和上等牛皮。

一回到家，便立刻跪在地上開始剪裁、縫製，沒多久，手提包就完成了。其手工之精緻，令珍妮佛看到之後愛不釋手！

羅傑看太太高興，自己也很高興，在高興之餘，他腦中突然靈光一閃，想到既然自己具備技術方面的知識，又有推銷經驗，珍妮佛在時裝界又有許多熟人，自己何不朝皮革製造業發展呢？

於是他把自己的想法跟珍妮佛商量，珍妮佛也覺得這是個好主意，因此二人決定馬上展開行動。就這樣，一個創業計劃形成了。

剛開始時，他們在自己只有三十坪大的公寓中製造樣品（為拿去給買主看的），由珍妮佛設計，羅傑負責製作，二人工作得不亦樂乎！但他們都知道還有一個最大的問題尚未解決——那就是該如何獲得訂單，若無訂單，創意再好也是枉然。

羅傑不辭勞苦地走遍紐約各大商店，但由於他們年輕，名氣又不大，所以不斷遭到拒絕。但羅傑並不氣餒，他總是替自己打氣，鼓勵自己繼續尋找別的機會。

終於，他遇見紐約著名商店「蘇克斯」的供應商。這位供應商一看到羅傑帶來的樣品便十分欣賞，他表示羅傑能做多少，他都願意購買。

從此以後羅傑他們小小的公寓裡每晚都燈火通明。他們夫妻倆為了應付訂單，夜以繼日地工作著，皮革與工具散的滿地都是，兩個孩子穿梭其間玩耍，此時，家庭已變成了工廠。那段日子他們的確過得十分艱辛，夫婦倆不但要維持生計，還要照顧兩個孩子，異常勞累。

兩、三個月轉眼就過去了，他們所收到的訂單不斷增加。羅傑租下車庫上的閣樓，然後和太太二人繼續在那兒努力工作。後來，珍妮佛又設計出一種小孩用的沙袋型手提袋，她的創意被送到「Look」這個全國性雜誌的編輯部。

某位編輯對她的創意非常感興趣，並且還以此為主題寫了一篇專題報導，也附帶介紹了一下羅傑與珍妮佛的奮鬥史。就是因為這篇刊登在全國雜誌上的文章，使他們一夜之間聲名大噪，產品在極短的時間便賣出一百萬個。

此後，他們便踏上了康莊大道，紐約和洛杉磯都設有他們的工廠，所雇員工達一百四十名，所製造的產品向全國主要商店交貨。產品的暢銷，讓羅傑與珍妮佛賺取了人生中第一個一百萬美金。那一年，他們才三十歲出頭。就這樣，在海軍醫院療養期間所得到的創意，終於發展成一樁大事業。

從以上的例子中不難看出，計劃對於任何事情的成功所具有的重要性。所以，我們不論做什麼事，都不能忽略預先的計劃。

要做一個有計劃的人，需要具備一定的素質。一般來講，計劃者應當具有以下的能力和素質：

一、求知欲。強烈的好奇心能驅使人積極進取。

二、不盲從。對於任何事情，大膽發問，不落窠臼。

三、洞察力。對環境有敏銳的感受力，可以覺察到人們所未注意的情況和細節。

四、變通性。思路通暢，善於舉一反三，聞一知十，觸類旁通。因此，能想出較多的點子，提出不同凡響的主張，做出超乎尋常的成就。

五、獨立性。拒絕依賴性，不可輕易附和別人。

六、獨創性。有別出心裁的見解、與眾不同的想法，勇於棄舊圖新，別開生面。

七、自信心。深信自己所做的事情的價值，不停下前進的腳步，直到實現自己的理想或預期的目標。

八、意志力。計劃的完成需要百折不撓、持久不懈的毅力和意志。抓住目標後鍥而不捨，不得結果絕不放棄。在百思不得其解、寢食不安時，意志力的作用更加突出。

九、學以致用。理解並借鑑別人提出的創意，領悟其創新的地方，並加以「改良」，激蕩自己的頭腦，開發出更新、更實用的構想。

十、想像力。思想中新的觀點、形象，來自合理的聯想、想像，或來自偶然的機遇。想像力豐富的人聯想多、想法奇特，有利於揭開創造的序幕。

十一、嚴密性。在計劃時，計劃應該是一個周嚴的整體。因此，創意還需要嚴格的邏輯分析，可行性論證，才能使靈感的火花變成現實的財富。

☞ 計劃，對於事情的發展方向及成功具有重要的作用。所以，我們不論做什麼事，都不能忽略預先的計劃。

9 讓你垂頭喪氣的，通常是小事一件

誰不希望事業成功、身心健康，可是人生總有不如意的事。有的人做事時遇到一些小挫折就容易垂頭喪氣，殊不知，這些消極頹廢的情緒正是影響你成就大事的障礙。

其實，有時候，我們會發現如果自己堅持跨越暫時失意的障礙，回過頭來就會覺得只是「小事一樁」，不值得哀聲歎氣，那麼當初我們又何必養成垂頭喪氣的壞毛病呢？

當不如意的事發生時，先留意自己的腦海裡出現的第一個想法是什麼，用紙筆將它不加修飾的如實記錄下來。然後，回過頭來檢查自己每次出現的第一個想法是對還是錯，要是這個想法是消極的，就必須立即刪除這種想法，堅持以積極的想法來行動，儘管嘗試的本身意味著風險，會出現新的差錯，但嘗試卻給了你自己一次機會。

對每一項的消極反應，給予一個相反的積極行動。比如某一項工作出錯了，消極反應是「我真笨」，積極反應是「我學得不夠紮實」，積極行動是馬上找出原因重新學習，抓住一切機會參加業餘培訓，並付之行動。

消除垂頭喪氣的情緒需要我們做好各種準備，具體來說，以下幾點是必須注意的：

一、用補償心理超越自卑

補償心理是一種心理適應機制，個體在適應社會的過程中總有一些偏差，為求得到補償。從心理學上看，這種補償，其實就是一種「轉移」，即為克服自己生理上的缺陷或心理上的自卑，而發展自己其他方面的長處、優勢，趕上或超過他人的一種心理適應機制，正是這種心理機制的作用，自卑感就成了許多成功人士成功的動力，成了他們超越自我的催化劑，而「生理缺陷」愈大的人，他們的自卑感也愈強，尋求補償的願望就愈大，成就大業的本錢就愈多。

解放黑奴的美國總統林肯，不僅是私生子，出身低微，且面貌醜陋，言談舉止缺乏風度，他對自己的這些缺陷十分敏感。為了補償這些缺陷，他努力從書本裡吸收知識，拼命自修以克服早期的知識貧乏和孤陋寡聞。他在燭光、燈光、水光前讀書，儘管黑眼圈越來越嚴重，但豐富的知識彌補了自身的缺陷。他最終擺脫了自卑，並成為一位有傑出貢獻的美國總統。貝多芬從小聽覺有缺陷，耳朵全聾後仍克服困難寫出了優美的《第九交響曲》，他的名言——「人啊，你當自助！」成為許多努力奮鬥者的座右銘。

在補償心理的作用下，自卑感成了使人前進的推進器。由於自卑，人們會清楚甚至過分地意識到自己的不足，這就促使其努力學習別人的長處，彌補自己的不足，進而使其性格受到磨礪，而堅強的性格正是獲取成功的心理基礎。

自卑能促使人走向成功。人道主義者威特‧波庫指出，在每個人的內心深處都有一種靈性，憑藉這股靈性，人們得以完成許多不可能的任務。這種靈性是潛在於每個人內心深處的一股力量，即維持個性，對抗外來侵犯的力量。它就是人的「尊嚴」和「人格」。

人們為了維護自己的尊嚴和人格，就要求自己克服自卑，戰勝自我。因此，令人難堪的種種因素，往往可以成為促使自己勇往直前的跳板。一個人的真正價值，取決於能否從自我設定的陷阱裡跳脫出來，而真正能夠解救我們的，只有我們自己。即所謂「上帝只幫助那些能夠自救的人」。

心理補償是一種使人轉敗為勝的機制，如果運用得當，將有助於人生境界的拓展。但應注意兩點：一是不可好高騖遠，追求不可能實現的補償目標；二是不要受賭氣情緒的驅使。只有積極的心理補償，才能激勵自己達到更高的人生目標。

二、用樂觀的態度來面對失敗

掃除沮喪的情緒，還須正確的面對失敗。人生之路，一帆風順者少，曲折坎坷者多，成功是由無數次的失敗架構而成的，但失敗對我們來說畢竟是一種「負面刺激」，總會使人產生不愉快、沮喪、自卑。那麼，如何面對、如何自我解脫就成為能否擺脫沮喪情緒的關鍵。

面對挫折和失敗，惟有樂觀積極的心態，才是正確的選擇。其一，做到堅韌不拔，不因挫折而放棄追求；其二，適時調整、降低原先設定的「目標」，及時改變策略；其三，將目標切割，用「一小部分的成功」來激勵自己；其四，採用自我心理調適法，來提高挫折承受能力。

身為一個現代人，面對任何事情都應具有接受失敗的心理準備。世界充滿了成功的機遇，也充滿了失敗的可能。所以要不斷提高自我應付挫折與干擾的能力，調整自己，增強對社會的適應力，堅信失敗乃成功之母。

屈原放逐乃賦《離騷》，司馬遷受宮刑乃成《史記》，就是因為他們無論在什麼時候都不氣餒、不自卑，都有堅韌不拔的意志。

有了這一點，就能掙脫困境的束縛。若每次失敗之後都能有所「領悟」，把每一次失敗當作成功的前奏，那麼就能化消極為積極，讓沮喪變為自信。

三、用實際行動打破沮喪情緒

征服畏懼，戰勝自卑，不能侷限於紙上談兵，止於幻想，而必須付諸行動，消除沮喪情緒最有效的方法，就是去做自己該做的事，直到成功為止。具體方法如下：

突顯自己，挑前面的位子坐——敢為人先，敢上人前，敢於將自己置於眾目睽睽之下，就必須有足夠的勇氣和膽量。當這種行為成了習慣，人生的態度就會變得有自信起來。另外，坐在顯眼的位置，就會放大自己在主管及老師視野中的比例，增強反覆出現的頻率，達到強化自己的作用。雖然坐前面會比較顯眼不自在，但要記住，有關成功的一切都是顯眼的。

睜大眼睛，正視別人——眼睛是心靈的窗口，一個人的眼神可以折射出性格，透露出情感，傳遞出微妙的資訊。不敢正視別人，意味著膽怯、自卑、恐懼；躲避別人的眼神，則折射出陰暗、不坦蕩心態。

抬頭挺胸，快步行走——許多心理學家認為，人們行走的姿勢、步伐與其心理狀態有一定關係。慵懶的姿勢、緩慢的步伐是情緒低落的表現，是對自己、對工作以及對別人不愉快感受的反映。倘若仔細觀察就會發現，身體的動作是心靈活動的結果。那些遭受打擊、被排斥的人，走起路來都拖拖拉拉的，缺乏自信心。反過來，透過改變行走的姿勢與速度，有助於心境的調整。

練習當眾發言——不論是參加什麼性質的會議，每次都要主動發言。發言是有參與意識的表現，這比一個人默默承受痛苦和苦悶要有意義得多。況且，有許多原本木訥或有口吃的人，都是透過練習當眾講話而變得有自信起來的，如蕭伯納、田中角榮、德摩斯蒂尼等。因此，當眾發言是信心的「維他命」。

學會微笑——大部分的人都知道笑是表示一個人心情愉快，它是醫治信心不足的良藥。但是仍有許多人不相信這一套，因為在他們恐懼時，從不試著笑一下。真正的笑不但能治癒自己的不良情緒，還能馬上化解別人的敵對情緒。如果你真誠地向一個人展顏微笑，他就會對你產生好感，這種好感足以使你充滿自信。

☜人生不如意事十之八九，幾乎每個人每天都會遇到不如意的事。既然如此，那我們為什麼要去悲傷、去沮喪、去垂頭喪氣呢？不如樂觀一點，靜下心來去接受它，面對它，這樣才能解決問題，最終才能成功。

10 敷衍了事就成不了大事

有人曾經說過：「輕率與疏忽所造成的禍患不相上下。」有許多人之所以失敗，就是敗在做事敷衍了事這一點上。這些人對於自己所做的事從來不會做到盡善盡美。

有一個師父，他收的徒弟第一天進門他就安排徒弟做例行功課——掃地。過了些時辰，徒弟來稟報說，地掃好了。

師父問：「掃乾淨了？」

徒弟回答：「掃乾淨了。」

師父不放心，再問：「真的掃乾淨了？」

徒弟想想，肯定地回答：「真的掃乾淨了。」

這時，師父沉下臉來，說：「好了，你可以回家了。」

徒弟覺得很奇怪，怎麼才剛來就要他回家，不收我了？師父擺擺手，徒弟只好走人，不明白這師父怎麼了，也不去檢查看看就不要自己了。

原來，這位師父事先在屋子角落偏僻的地方悄悄丟下了幾枚銅板，看徒弟能不能在掃地時發現。而那些心浮氣躁，或敷衍了事的人，都只會做表面文章，是不會認認真真地去掃那些偏僻角落的地方。因此，也不會撿到銅板交給師父。師父正是這樣「看穿」了徒弟，或者說，看出了徒弟的「破綻」，如果他藏匿了銅板不交師父，那破綻就更大了。不過，師父說，他還沒遇到過這樣的徒弟。貪婪或懶惰的人是不會認真地去做別人交付的事情的。

很多人因為養成了馬馬虎虎、草率工作的習慣，以及對目前工作敷衍了事的態度，終使其一生處於社會最低階層，無法出人頭地。

人類的歷史，充滿著由於疏忽、畏難、敷衍、偷懶、輕率而造成的可怕慘劇。在賓夕法尼亞的奧斯汀鎮，曾經因為在築堤工程中，沒有照著設計去築石基，結果堤岸潰決，全鎮都被淹沒，使得無數的人死於非命。

像這種因工作疏忽而引起悲劇的事實，隨時都有可能發生。無論在什麼地方，都有人會犯下疏忽、敷衍、偷懶的錯誤。如果每個人都憑著良心做事，並且不怕困難、不半途而廢，那麼不但可以減少人為的慘禍，而且可使每個人都具有高尚的人格。

養成了敷衍了事的惡習後，做起事來往往就會不誠實。這樣，最終必定會輕視他的工作，進而輕視他的人品。粗劣的工作品質，不但使工作的效率降低，而且還會使人喪失做事的才能。所以，粗劣的工作品質，實在是摧毀理想、墮落生活、阻礙前進的大敵。

要實現成功的惟一方法，就是在做事的時候，要抱著非做成不可的決心，要抱著追求盡善盡美的態度。而那些為人類創立新理想、新標準，扛著進步的大旗為人類創造幸福的人，就是具有這種素質的人。

大部分的人，好像不知道職位的晉升，是建立在細心履行日常工作職責的基礎上的，也不知道只有做好目前所做的工作，才能使自己漸漸地得到成就感。

有許多人在尋找發揮自己本領的機會。他們常這樣問自己：「做這種薪水低又乏味的工作，有什麼希望呢？可是，就是在極其平凡的工作中、極其低微的位置上，往往藏著極大的機會。只有把自己的工作，做得比別人更完美、更迅速、更正確、更專注，用盡自己全部的心力，從一成不變的工作中找出新方法來，這樣才能引起別人的注意，才能使自己有發揮本領的機會，進而滿足內心的願望。所以，不論薪水是多麼微薄，都不該輕視和鄙棄自己目前的工作。

在做完一件工作以後，應該這樣說：「我喜歡做這份工作，我會竭盡全力、盡我所能來做這份工作，我更願意聽取人家對我工作上的批評與指教。」

成就最好的工作，需要經過充分的準備，並付諸最大的努力。

許多人對於粗劣的工作品質，有其藉口就是時間不夠，其實按照每個人日常生活作息，都有著充分的時間，都可以做出最好的工作品質。

如果養成了做事務求仔細、盡善盡美的習慣，人的一輩子必會感到無限的滿足。

☞成功者和失敗者的分水嶺，就是成功者無論做什麼事都不會輕率疏忽，一定力求達到最佳境界，絲毫不會放鬆；而失敗者無論做什麼事，都只是敷衍了事。

11 毅力是應付辦事困難的工具

辦任何事情都需要用毅力去支撐。

毅力的強弱，足以影響一個人的前途。毅力是應付辦事困難的工具，毅力強，則你的智力、能力即使較差，也能克服困難使你踏上成功之途。

成功可分三步，也就是說毅力的強度可分三等。你希望能得到多少成功，就看你有多少毅力。中庸的精要之點，完全在於闡揚毅力的重要性，並就哲理的根據，保證你的毅力，絕不會白白花費掉。

毅力是從哪裡產生力量的呢？就在遇到困難的時候。對於困難的演化，《中庸》分析得十分清楚：「誠則形，形則著，著則明，明則動，動則變，變則化。」

形、著、明、動、變、化是困難演變的六步演化，也就是向你保證：

只要花一分毅力，就能得到一分成果，絕不是最後的毅力才有成果，以前的毅力卻是無用的。

毅力堅強的人，最易引起別人的同情與敬佩。某公司，常利用休假日，組隊參加爬山運動，來鍛鍊個人的體力。年輕同事，當然高興報名參加，但中年以上的人，多數已無此興趣，而某乙卻毅然決然參加了。因為年齡的關係，體力已差，某乙便落到年輕人的後面。而在年輕人當中，有的早已捷足先登，有的卻在中途就折回去了，但某乙還是努力地向上爬，雖然累得汗流浹背，氣喘如牛，終於還是爬到了山頂。

其主管，非常讚許某乙的毅力，有一天，便親自到某乙家去訪問他，閒談之餘，更覺某乙的精神令人欽佩，於是就讓某乙擔任他的祕書。某乙辦事，也如他的爬山一般百折不撓，工作成績自然也就勝人一籌了。

所以你不必問前途困難究竟有多少，只要問問你的毅力是否始終持續不斷就夠了。

比如炸山開路，你不停地炸，再回頭看看已炸成的路，證明你的用力絲毫沒有白費，卻不必估計未炸的石壁還有多厚，幾日炸不完，就花上幾個月的工夫，幾個月炸不完，就用幾年的時間去炸。前面的石壁，越炸越薄，而你的毅力卻取之不盡，用之不竭，以用之不竭的毅力來對付越炸越薄的石壁，則勝券在握，哪裡還會氣餒，哪裡還會失敗，哪裡還會有辦不成的事！

滕田田是日本麥當勞的龍頭，一手創造了麥當勞在日本的奇蹟。據報導，他手下的麥當勞分店在日本星羅棋布，年營業總額已突破四十億美元大關。

那滕田田是怎樣成功的呢？他是怎樣起家的呢？這其中毅力起了關鍵的作用。

滕田田一九六五年畢業於日本早稻田大學。畢業後第六年，也就是他三十一歲那年，聞名全球的麥當勞開始進軍日本。滕田田想抓住這個先機。

但根據麥當勞總部要求，要抓這個先機，必須符合兩個條件：一是必須有七十五萬美元的現金；二是必須有一家中等規模以上銀行的信用支援，條件非常苛刻。可是當時，滕田田才工作六年，存款不足五萬，怎麼辦？滕田田不甘心失去這個機會，向親友四處借錢，但花了五個月，只借到四萬。

無奈中他鼓足勇氣跨進日本住友銀行總裁辦公室的大門，希望以自己的誠摯，爭取到資金。

但他說完後，得到的回答卻是：「你先回去，讓我考慮考慮。」根據一般慣例，滕田田知道這是婉言拒絕。

滕田田對這一情景也許早有準備，他並沒有因此氣餒。他決定以自己的誠心，再作最後地爭取。因為談話時他談到了自己的五萬元存款，於是他懇切地對總裁說：「先生，您可否讓我告訴您我那五萬元存款的來歷？」

「可以。」總裁欣然表示同意。

「那是我用六年時間按月存款的結果。」於是滕田田開始敘述，「這六年裡，我每月堅持存下三分之一的工資和獎金，屹立不搖，從未間斷。六年裡，我無數次面對過度消費或手癢難忍的尷尬局面，我都咬緊牙關，克制慾望，硬撐了過來。

有時候碰到意外事故需要額外用錢，我也照存不誤，甚至不惜厚著臉皮四處借貸，以保證每月的存款。這是沒有辦法的事，我必須這樣做。因為在跨出大學門檻的那一天，我就立下宏願，要以十年為期，存夠十萬美元，然後自己創業，出人頭地。現在機會來了，我一定要提早開創事業……」。

滕田田一口氣講了十多分鐘，語氣情真意切，使總裁大為動容。聽完後，那總裁立即問滕田田那銀行的詳細地址，並說：「好吧，年輕人，我下午就會給你答覆。」

送走滕田田後，總裁立刻開車找到那家銀行，櫃檯小姐聽完來意後，興奮地說：「哦，是問滕田田先生哪！他可是我接觸過的最有毅力、最有禮貌的一個年輕人。六年來，他真正做到了風雨無阻，準時來我這裡存錢。老實說，對這麼嚴謹、這麼有恆心的人，我真是佩服得五體投地！」

聽到這樣的評價，總裁能不動容嗎！他認為，這實在太難能可貴了。於是，他決定無條件地支援滕田田在日本創建嶄新的麥當勞事業。

毅力是做事成功的支撐。做任何事，只要有毅力的支撐，自然會勝人一籌。

12 不要凡事斤斤計較

職場上常常有這樣一種員工，他們斤斤計較自己的得失，為了一點小小的利益與同事明爭暗鬥，從來不肯吃一點小虧。而他們似乎也因為自己的「聰明」而獲利不少：比如公司發放年節禮品，最後剩下一件，某個精明的職員就會跳出來，以某種藉口將其據為己有，而其他同事也不好意思說什麼；若部門主管給一個臨時任務，這個員工一看任務有些麻煩，便藉故推給其他同事，自己則無事一身輕……這樣的精明，表面上看起來似乎占盡便宜，實際上正是與同事相處中的一大禁忌。

在與同事相處的過程中，最怕的就是太過認真仔細、斤斤計較。相反，如果能夠在與同事相處時做到寬容別人，那麼就沒有處理不好的同事關係，沒有化解不了的恩恩怨怨。

不同的生活經歷、不同的興趣愛好、不同的文化背景和性格，由不同的人組合在一起，形成了一個個或大或小的團體。在這樣的環境裡要營造和諧的人際關係，對於每一個人來說，都是一個無法迴避的問題。

如果你要認真地計較的話，每天你隨便也可以找到四、五件令人生氣的事情。如：被人誣陷、因同事犯錯而受連累、受人冷言譏諷等等。有人不即時反擊，暗自把這些事情記在心裡，伺機報復，但這種仇恨心理，不但無法損害對方分毫，更會影響自己的情緒，自食惡果。

在這個問題上，有些人處理得好，有些人處理得不好。於是我們經常可以看到，有些人受人歡迎，在職場中如魚得水，有些人卻四面樹敵，很難融入團體之中。為什麼會造成這樣的情況呢？原因很多歸根究底就是，不同的為人處世原則導致了不同的同事關係的產生。有些人在與同事相處中，「利」字當頭，什麼虧都不能吃，什麼便宜都想占，工作揀輕鬆的做，待遇要比別人高，看別人時總是戴著放大鏡，訂著高標準、要求嚴厲，對自己就總是網開一面、另當別論。這樣的人怎麼會讓人喜歡？又怎麼能擁有和諧的同事關係呢？

相反的，如果能夠做到嚴格要求自己，在工作中與他人積極配合，在生活中與人為善，以寬闊的胸懷待人處世，以嚴格的標準要求自己，不為一點點的蠅頭小利與同事計較，這樣的人怎麼能不處處受到同事佩服和歡迎呢？

所以，在與同事相處中還是要本著「寬以待人、胸懷大度」的原則，儘量不要與同事計較瑣碎的利益，要目光長遠，寬容大度，才能有所作為，同時也能為自己和同事營造出一個良好的工作氣氛。

☞ 沒有人願意與愛斤斤計較的人一起做事，如果你凡事總是斤斤計較，怎麼可能成功呢？

13 不要習慣「直線式思考」

多方面、多角度地觀察，可使事物逐漸清晰、明朗。

擴展你的思維空間，會有意想不到的收穫。成功的創業者，一定有從全局觀察，從大處著眼的氣度與能力，絕不會拘泥於小範圍或局部。敢於思考更多與成功有關的事情。那麼，怎樣才能與成功有關呢？那就是擴展自己的思維空間。

人不但要養成思考的好習慣，同時還要擴展思考的範圍，建立你的「思維空間站」——開闊思路，擴展思維，才會更有效、更大範圍獲取有益的資訊。

人的大腦是多元化的，多元化的大腦很適合多元化的思考方向。然而，過去我們所受的教育，都使我們習慣於「直線式的思考」。直線，或許可以說是以一、二、三、四、五的依次順序排列下來的邏輯。其實這並不是一種好的思考方法，相較而言，放射狀的思考在處理各種問題時會較為迅速和有效得多。我們只要把直線式的思考方式，改換成人類最擅長的「視覺思考」、「空間思考」即可。

而在我們的實際生活中，大多數時間都是以直線思考的方式來看待事情。

其實，人的大腦天生就有適宜於進行非直線的「視覺觀察」特質，但是，由於我們的努力，花費極長的時間，來培育這種適於進行非直線式思考的大腦，去進行直線式的思考與觀察，因此在思考過程中經常會有阻礙產生，甚至有許多人始終無法適應，也是理所當然的。

而我們卻認為那種思考無法直線化的人，是不合乎時代潮流的被淘汰者。其實這是一種誤解，是由片面的看法導致的錯誤推論。

直線式思考是與創造性的思考最無緣的。

因為直線會束縛我們天馬行空的靈感，使我們的思考被定型、局限。

對一件事情我們應該是有各種不同角度的看法。然而因固有的知識，使我們將自己的觀察角度，局限在一個點上，因此失去了從其他角度考證事物，獲得獨特感受與認識的能力和機會。

☞ 不拘於事情的小範圍或局部，敢於從全局觀察，從大處著眼，擴展你的思維空間，做事才會有意想不到的收穫。

14 以創新取勝

不管做什麼事，都不應該順著流行趨勢去模仿，而是打破常規去創新。

有一家知名企業招聘銷售部經理，由於公司知名度較高，廣告打出來後，報名者雲集。

人事課經理對眾多的應徵者說：「為了能選拔出最有才華的行銷高手，我們為各位出一道實際性的題目：如何把木梳賣給和尚，而且賣得越多越好。」並以七日為限，屆時擇優錄用。

轉眼七日期限已到。大多數應徵者都認為這是人事單位在拿他們尋開心：和尚本來就沒頭髮，怎會買梳子？於是都沒試，當然也沒來。

令人事課經理欣慰的是，在幾百名應徵者中畢竟還來了三個。

人事課經理問第一位：「你賣了幾把？」

答：「一把。」

「怎麼賣出去的？」

「我拿著木梳到各個寺廟去推銷，但每到一處，都無一例外地受到了和尚們的責罵和追打，正當我心灰意冷之際，卻碰巧在下山途中遇到一個小和尚。這個和尚躺在一塊山石上，一邊曬太陽一邊用手使勁地抓他那又髒又厚的頭皮。我靈機一動，就遞過梳子借他一用。小和尚用後滿心歡喜，於是我就賣了他一把。」

人事課經理問第二位：「你賣出多少把？」

答：「我賣了十把。」

「你又是如何賣出去的呢？」

「我去了一座名山古寺，那裡由於山高風大，進香者的頭髮都被吹亂了。我找到了寺院的住持，對他說：『蓬頭垢面是對佛的不敬，要是能在香案前放把木梳，供香客們使用就好了。』住持採納了我的建議。

因為那裡共有十座廟，所以我就順利地賣出了十把木梳。」

人事課經理問第三位：「你呢？」

答：「一千把。」

經理驚訝地瞪大了眼睛：「怎麼賣的？」

「我去了一個頗有名氣的深山寶剎，那裡朝聖者雲集。我找到住持對他說：『凡來貴寶剎進香朝拜者，多有一顆虔誠之心，寶剎應有所回贈才是。現在市場上正流行用木梳梳頭，您書法功力深厚，獨樹一幟，如果在木梳上刻上您的親筆書寫的『積善梳』三字作為回贈，必定會大受香客們的歡迎。』住持聞聽此言，喜極道：『我怎麼沒想到呢！』於是爽快地買下一千把梳子，又留我在寺中小住幾日，並作為特邀嘉賓，出席了向香客們贈送『積善梳』的儀式。得到梳子的香客們都驚喜異常，於是一傳十，十傳百，朝拜者更多了，香火也更旺了。這還沒結束，好消息還在後頭。住持希望我能再多賣一些不同材質和款式的木梳給他，以便分別贈送給各種喜好的施主與香客。」

把木梳賣給和尚，聽起來真有些匪夷所思，但不同的思維，不同的推銷術，卻有不同的結果。在別人認為不可能的地方開發出新的市場來，那才是真正的行銷高手。

非常之人，行非常之事。當一部分人對創造力的價值一無所知時，另一部分的人已經憑著不按常理出牌的創新方式獲得了成功。商業戰場中，好的創意被商家奉為至寶，成為其興旺發達的靈魂。

也許你會說：「努力突破創新是很不容易的，我又不是科學家，又能有什麼創造呢？」其實，創新意識是我們每個人都固有的，只是有的人有意識地加以運用，而有的人則任其消長。

可見，反對墨守成規並不是一定要去改變什麼，它只是希望我們去做一個有心及用心的人，用雙眼去觀察，用心靈去領悟，如果你每天都持續努力不懈的去探索，日積月累，你會更加靈活，你的工作效率會隨之提高，總有一天，你會令自己都驚歎不已。所以，創新並不是專家們的專利，平凡的你一樣可能得到幸運之神的眷顧。

在我們的周圍，很多人儘管沒有顯赫的學歷和卓越的天賦，但憑著細心的觀察與探索，也能做出一定的成績。別人能做到的，相信我們也能夠做到。

☜只要我們相信自己的能力，開發出創新的潛能，就一定能夠靠自己的智慧創造奇蹟。

15 終身努力便成天才

世間最容易的事是堅持，最難的事也是堅持。說它容易，因為只要願意做，人人都能做到；說它難，因為真正能夠做到的，終究只是少數人。成功在於堅持，能堅持到底就能獲得勝利。

任何成就的取得，事業的成功，都緣於人們不懈的努力和執著的探索追求；淺嘗輒止，一曝十寒，朝三暮四，心猿意馬，只能望著成功的彼岸慨歎，兩手空空一事無成。勝者的生存方式就在於，能夠堅持把一件事持續做下去，積跬步以成千里，匯小河以成江流。

開學第一天，古希臘大哲學家蘇格拉底對學生說：「今天我們只學一件最簡單、最容易的事。每人把手臂儘量往前甩，然後再儘量往後甩。」

說著，蘇格拉底示範了一遍：「從今天開始，每天做三百下，大家能做到嗎？」同學們都笑了。這麼簡單的事，有什麼做不到的呢？

過了一個月，蘇格拉底問同學們：「每天甩手三百下，哪些同學持續做到了？」有百分之九十的同學驕傲地舉起了手。

又過了一個月蘇格拉底又問，這回，堅持下來的學生只剩下八成。

一年以後，蘇格拉底再一次問同學們：「請大家告訴我，最簡單的甩手運動，還有哪幾位同學堅持了？」這時，整個教室裡，只有一個人舉起手。這個學生就是後來成為古希臘另外一位大哲學家的柏拉圖。

柏拉圖是天才。什麼是天才？終身努力便成天才。天才緣於勤奮，勤能補拙。這裡的勤，就是勤奮耕耘，努力不懈，就是持之以恆的努力以達到對知識的累積，它將是打開成功之門的金鑰匙，是通往成功殿堂的道路。

在奔向成功的路上，我們會遇到許多挫折，會面臨著許多意想不到的挑戰。這時我們應該怎麼辦呢？成功學家們研究了那些傑出人物並擁有輝煌成果的人，得到了以下的結論：能夠把一件事堅持做下去，是所有成功者共同擁有的積極心態。

一家著名企業招募推銷員時，公司人事經理只粗略地看了一下應徵人員的履歷自傳，便推說「電梯壞了」，於是帶著十幾個應徵者從一樓走上三十二樓的辦公室。結果大多數人不是待在一樓等電梯修好，就是走了一半就放棄了。望著堅持到最後的幾位應徵者，人事經理宣布：你們被錄取了——其他人則被淘汰。

許多事情看起來似乎成敗已成定局，但是，只要我們堅持下去，並付出最大的努力，往往就會看到「柳暗花明又一村」。這是成功人士的必經之路。

人的一生不可能一帆風順，多多少少總會有一些坎坷和波折。世界上之所以有輸贏之分，究其原因是前者在接受命運挑戰的時候說：「我會堅持下去。」後者說：「算了，放棄好了。」

堅持下去，已經成為所有卓越人士的共同點，成為他們生活中的一個基調。每一個成功的人，在確定了自己的正確道路後，都在不屈不撓地堅持著，忍耐著，直到勝利。

堅持對於一個人成就事業是相當重要的。

一八八三年，富有創造精神的工程師約翰·羅布林胸有成竹地想著手建造一座橫跨曼哈頓和布魯克林的橋。然而橋梁專家們卻說這計劃純屬天方夜譚，不如趁早放棄。

羅布林的兒子華盛頓，是一個很有才華的工程師也確信這座大橋可以建成。父子倆克服了種種困難，在構思著建橋方案的同時也說服了銀行家們投資該專案。

然而橋開工後幾個月，施工現場就發生了災難事故。羅布林在事故中不幸身亡，華盛頓的腦部也嚴重受傷。許多人都認為這項工程會因此而作罷，因為只有羅布林父子才知道如何把這座大橋建成。

儘管華盛頓喪失了活動和說話的能力，但他的思考能力還同以往一樣敏銳，他下定決心堅持到底，要把父子倆耗費多時的心血付諸於行動完成大橋的興建。

一天，他忽然靈機一現，想出一種用他惟一能動的一根手指和別人交談的方式。他用那隻手敲擊他妻子的手臂，透過這種密碼方式由妻子把他的設計意圖轉達給施工建橋的工程師們。

整整十三年，華盛頓就這樣堅持著用一根手指指揮工程，直到雄偉壯觀的布魯克林大橋成功落成。

目標一旦明確就要開始行動，而且要鍥而不捨。

德田先生是在日本大阪大學附屬醫院就醫時，立訂了要上大阪大學醫學系就讀的目標。這個目標定下來之後，他就立刻付諸行動。

當天下午，他就到北野高中詢問轉學事宜，卻沒有成功，但他沒有放棄，第二天他又到今宮高中詢問，結果成功了。他馬上回家向父親表明轉學的事，徵得父親同意，實現了他的第二個目標。

德田是一個認準了目標就勇往直前的人，大阪大學醫學畢業以後，他當上了醫生。在醫院工作期間，德田對醫療界的弊端感觸尤為深刻。他認為要想改革日本醫療體系的現狀，就必須建立不受政治派系支配的新型醫院，並以此達到醫療的真正作用。於是，德田先生決定自己創辦醫院。

目標一定下來，他就立刻行動。他既沒有資金，也沒有抵押品和保證人，一切都從零開始。但是，德田先生沒有被困難打敗，赤手空拳開始奮鬥。

一九七一年一月，德田先生開始有了正式創辦醫院的構想，從那時起，他用了三個月的時間，完成了對建築用地的調查。德田不僅從數字上掌握了大阪的人口與診療所及病床的比例、救護車的市郊出動率、殘障長期臥床患者的週期回診率等實際狀況，而且還認真地聽取了居民的心聲。

經過詳細的調查，他發現大阪府管轄的松原市與大東市是醫療網最稀少的兩個地區。最後他把交通較為方便的松原市定為第一院址，開始徵尋土地。為此，他利用值夜班後的休息日和下班後的時間到處奔走。到了五月份，他在靠近鐵南大阪線的天美車站的對面找到了一處非常適宜的土地。這不是準備出售的土地，而是一塊高麗菜園。它位於鐵路沿線，而且離火車站很近，人們在火車站就可以看見這個地方。

作為醫院的地址，條件很好，土地的主人也很通情達理，願意把土地賣給他做醫院。

可是，德田就連買地的定金都沒有，現在最緊要的問題就是籌措資金。在德田的建院計劃裡，土地、建築、設備、醫療器械等在內，預算總額為十六億日元。可是德田既沒有私人資金，也沒有可抵押的東西，連個有錢的保證人也沒有。他到銀行貸款，沒有人貸給他。這時他才恍然大悟，原來銀行只把錢借給有錢人，它不給沒錢人提供貸款。怎麼辦？如果貸不到款，雖然好不容易得到高麗菜園主人的允諾，一切仍將化為泡影。「我要辦醫院，我要辦醫院」，德田一邊想，一邊從這家銀行跑到那家銀行，四處奔波。可是每家銀行都不願讓他貸款。

德田萬分沮喪，但他想到或許會有銀行願意貸款給他。於是他就抱著一線希望，仔細地擬定了一份建院所需十六億日元資金的收支計劃，一直忙到深夜。

也許是德田的誠心感動了上天吧！八月的一天，當他無意中翻開報紙時，其中有一則消息躍入眼簾，內容是關於「尼克森衝擊」問題，彷彿只是這則消息使用特大字排印似的，它緊緊地吸引著他的視線。

報紙上說，這個「尼克森衝擊」將使金融界發生急劇變化，用戶對資金的需求，可望有所緩和。由於設備過剩，大企業不大可能繼續向銀行借款，銀行方面認為將資金借給中小企業不大保險，這樣一來，貸款的件數就會大大減少。

「這是個極好機會！」於是德田又開始每天去銀行，連新設的分行都找遍了。因為新設的分行業務會較少，說不定對德田的話會感興趣。

德田終於在新設的分行中，找到了一家似乎有點指望的銀行。他立即把建院的企劃書遞了過去。在企劃書裡不僅註明了單位人口所需床位數，包括現有床位數、不足床位數、外地患者住院人數，還註明了請求保險功能表的單價、設備、償還等籌款款項，連當地居民生活狀況也寫得詳細具體。「就是銀行調查也沒有這麼詳細」，對於德田那份詳盡的資料，銀行方面也感到好奇。因為銀行方所需要的各種資料，在德田那份企劃書裡，可以說是應有盡有。

也許是同意這份計劃吧！關於貸款的交涉進展的頗為順利。也就是說，那時，德田抱著一線希望，日以繼夜的做市調、選地點等等的計劃起了作用。到了這年年底，德田終於得到了購買土地用的一億八千萬日元的貸款。

毫無疑問，假如當初德田憑著自己一知半解的知識斷定：「我沒有私人資金，銀行絕對不會貸款給像我這樣的人。至少等我把私人資金存到三分之一以後再跟銀行進一步交涉，只能把理想先束之高閣了。如果這樣考慮的話，恐怕直到十年後的今天，醫院也一定是建立不起來的。」

正因為德田立即付諸行動，所以僅用了一年時間就達到了目標。打定主意之後，德田就立即行動，邊行動邊吸收相關的知識。這些知識是他親身體驗過的，所以在創建醫院的過程中發揮了極大的作用。

自古以來人們常說，失敗是成功之母。因為失敗往往是身體力行過程中的失敗。行動起來以後，如果感到不妥，人們就會想別的方法繼續做下去，這與獲得成功有關。

毫無疑問，德田先生是一個有極強行動能力的人，正是這種能力促使了他在事業上的成功。立即行動的能力和善於安排行動計劃的能力對個人成功都是非常重要的。缺少這些能力，縱使你的目標再好，最終也難以達成。

任何一個障礙都可能使你無法越過，使你的理想成為泡影。每個人都想成就一番事業，嚮往成功，但是真正能夠成就事業，使自己成功的人實在不多。只有那些意志堅強的人，那些遇到困難絕不輕言放棄的人，才有可能獲得成功。

著名的南非黑人領袖曼德拉就是一位看準了目標絕不輕言放棄的人。他的成功就是因為他有著超人的意志和毅力。

曼德拉出身於滕希人王族。他的父親是滕希人大酋長的首席顧問，按照他父親和大酋長的意願，是要把他培養成酋長。在他二十二歲時，他意識到自己將要被培養為酋長，而他卻已下定決心絕不做統治壓迫民族的事。

他逃跑了，他以此來拒絕將來擔任酋長，他夢想成為一名律師。對他的政治想理影響極深的是他在約翰尼斯堡的日子，在這個城市生存的熔爐裡，他看到了白人和黑人生活的鮮明對照。白人生活在寬闊的市郊，到處是繁榮興盛的景象。可是非洲人、土著卻被限制在許多貧民窟裡，這裡居住擁擠，條件極差，還不斷地受到警察的搜查。黑人嚴峻的生活環境和被曼德拉稱為「瘋狂的政策」的種族隔離，讓曼德拉開始了一生為黑人解放而進行的抗爭。

曼德拉參與「青年聯盟」，領導全國蔑視種族運動，組織黑人進行對白人的抗爭。一九五二年，曼德拉因領導全國蔑視種族隔離制度而被捕入獄；獲釋後，他繼續堅持抗爭。

他多次被捕。一九六二年，他以莫須有的「叛國罪」被判為終生監禁，面對監禁，他說：「在監獄中受煎熬與監獄外相比算不了什麼。我們的人民正在監獄外受難，但是光受難還不夠，我們必須抗爭到底。」他沒有妥協，沒有退縮，在獄中堅持抗爭。他拒絕南非當局提出的釋放條件只要放棄抗爭就給他自由，他說：「我的自由同南非人的自由在一起。」

曼德拉，曾被南非當局監禁二十八年，但他對理想的追求矢志不移。他以非凡的經歷，傳奇的色彩，頑強的意志，超人的魅力，成為南非黑人民族解放的象徵，為全世界所矚目和尊敬。

曼德拉本可以擔任酋長，可以做律師享受優質的好生活。而他卻把南非黑人的民族解放抗爭當做終生的事業，這種無限的忠誠給了他奮鬥的勇氣，也使他在人民心中享有崇高的威望。

曼德拉的理想是崇高的，實現這個理想更是困難重重，然而，曼德拉經歷了那麼多的折磨和苦難，絲毫沒有動搖他的信念，他有一種不達目的絕不放棄的決心與意志，正是這一點戰勝了敵人，也戰勝了自己。絕不輕言放棄，是對人的意志的考驗，而人的意志之所以能夠堅持，是因為以下幾個原因：

自己的理想是有價值的，有意義的，是崇高而偉大的。
自己的理想是建立在科學基礎上的，是可以實現的。
自己的理想可以體驗自己的人生價值，可以充分發揮自己的潛能。
正是這些原因使人能夠產生強烈的意志力量，戰勝各式各樣的困難，直到勝利。

☞ 世上沒有一件事可以輕易地成功，因此，當遇到困難時，不要輕言放棄，不要轉身走開，再加把勁吧！堅持到底，成功就在前方。

16 聰明的人會從失敗中學到教訓

聰明的人會從失敗中學到教訓。失敗者是一再失敗，卻無法從其中獲得任何經驗。

「我在這兒已做了三十年，」一位員工抱怨他沒有升遷，「我比你提拔的許多人多了二十年的工作經驗。」

「不對，」老闆說：「你只有一年的工作經驗，你並未從自己的錯誤中，學到任何教訓，你仍在犯你第一年剛做時的錯誤。」

好悲哀的故事！即使是一些小小的錯誤，你都該從中學到教訓。

「我們浪費了太多的時間，」一位年輕的助手對愛迪生說：「我們已經試了兩萬次了，仍然沒找到可以做白熾燈絲的物質。」

「不！」這位天才回答說，「我們已知有兩萬種不能當白熾燈絲的東西。」這種精神使得愛迪生終於找到了鎢絲，發明了電燈，改變了歷史。

在工作中，有時一點點的錯誤就可能造成致命的傷害。錯誤所造成的嚴重後果，往往不在錯誤本身，而在於犯錯人的態度。能從失敗中吸取教訓的人，就能建立起更強的自信心。

英國的索冉指出：「失敗不該成為沮喪、失志的原因，應該成為新鮮的刺激。」惟一避免犯錯的方法是什麼事都不做，有些錯誤確實會造成嚴重的影響，所謂「一失足成千古恨，再回頭已是百年身」。然而，「失敗為成功之母」，沒有失敗，沒有挫折，就無法成就偉大的事。要把事情做好，就不要怕失敗。

☞

沒有挫折、沒有失敗，就無法成就大事。失敗只是為了從中獲得經驗，以便下一次可以成功。因此，要想把事情做好，就不要怕失敗。

17 不能忽視工作中的小事

我們每個人所做的工作，都是由一件件小事組成的，但我們不能因此而忽視工作中的小事。

所有的成功者，他們與我們都做著同樣簡單的小事，惟一的區別就是，他們從不認為他們所做的事是簡單的小事。

很多時候，一件看起來微不足道的小事，或者一個毫不起眼的變化，卻能發揮其最大的關鍵作用。

希爾頓飯店的創始人、世界旅館業之王希爾頓就是一個非常注重小細節的人。

他要求每一位員工始終保持高度的注意力和責任心，並擁有清醒的頭腦和具有敏銳的判斷力，能夠對工作中所發生的每一個變化、每一件小事迅速做出準確的反應和判斷。

他勉勵他的員工：「大家要牢記，萬萬不可把我們心裡的愁雲擺在臉上！無論我們工作遭到何等的困難，希爾頓服務員臉上的微笑永遠是顧客的陽光。」

正是這小小的微笑，讓希爾頓飯店獲得了極佳的讚譽。

沒有哪一件工作是沒有意義的，每一個小事都有自己的意義。飯店的服務生每天的工作就是對顧客微笑、打掃房間、整理床單等小事；快遞人員每天的工作也是送遞郵件。他們是否對此感到厭倦、毫無意義而提不起精神？

但是，這就是你的工作，你必須做好它。

生命中的大事都是由小事累積而成，沒有小事的累積，也就成就不了大事。你只有瞭解到這一點，才會開始關注那些以往認為無關緊要的小事，培養做事一絲不苟的美德，成為一個成功的人士。

一位年輕的女工進入一家毛織廠以後一直從事織掛毯的工作，做了幾個星期之後她再也不願意做這種無聊的工作了。

她去向主管請辭，並死氣沉沉地說著：「做這種工作太無聊了，一會兒要我打結，一會兒又要把線剪斷，做這種事真是無聊透頂了，實在是在浪費時間。」

主管意味深長地說：「你的工作並不無聊，其實你負責織出的一小部分是非常重要的一部分。」

然後主管帶著她走到展示間裡的掛毯面前，年輕的女工呆住了。

原來，她編織的是一幅美麗的百鳥朝鳳圖，她所織出的那一部分正是鳳凰展開的美麗的羽毛。她沒想到，在她看來沒有意義的工作竟然這麼偉大。

可見，工作並無小事，每一件小事都可以算是大事，要想把每一件事做到完美，就必須固守自己的本分和崗位，付出自己的熱情和努力，這就是對工作做出了最好的貢獻。

職業道德要求我們每一個員工對待小事和對待大事一樣認真。許多小事並不小，那種認為小事可以被忽略、置之不理的想法，只會導致工作缺失。

美國標準石油公司曾經有一位小職員叫阿基勃特。他在出差住旅館的時候，總是在自己簽名的下方，寫上「每桶四美元的標準石油」字樣，在書信及收據上也不例外，簽了名，就一定寫上那幾個字。他因此被同事叫做「每桶四美元」，而他的真名倒沒有人叫了。

公司董事長洛克菲勒知道這件事後說：「竟有如此努力宣傳公司產品的職員，我要見見他。」於是，洛克菲勒邀請阿基勃特共進晚餐。

後來，洛克菲勒卸任，阿基勃特成了第二任董事長。

也許，在我們大多數人的眼中，阿基勃特簽名的時候加上「每桶四美元的標準石油」，這是小事一件，甚至有人會覺得愚蠢。可是這件小事，阿基勃特卻做了，並堅持把這件小事做到了極致。那些嘲笑他的人中，肯定有不少人的才華、能力在他之上，可是最後，只有他成了董事長。

可見，任何人在贏得成就之前，都需要花費很多的時間去努力，不斷做好各種小事，才會達到既定的目標。

一個人的成功，有時純屬偶然，可是，誰又敢說，那不是一種必然呢？於細處可見不凡，於瞬間可見永恆，於滴水可見太陽，於小草可見春天。

上面說的都是一些「舉手之勞」的事情，但不一定人人都願意出手，或者有人偶爾為之卻不能持之以恆。

可見「舉手之勞」中足以折射出人的崇高與卑微。因此，在人生的道路上，千萬莫忽視瑣碎的小事啊！

☞ 任何小事，我們都必須具備一種腳踏實地的態度。正如我們對一些小事情的處理方式，它決定了我們是否能夠成就大事。

小事可以成就大業，因此，我們應做到勿以事小而不為。

18 堅守信用是成功的最大關鍵

一個人憑著自己良好的品性，讓人在心裡默認你、認可你、信任你，那麼你就擁有了一項成功者的資本。

如果希望自己能成就一番事業，首先要獲得別人對自己的信任。一個人如果學會了如何獲得他人信任的方法，真要比獲得千萬財富更為重要。

但是，真正懂得獲得別人信任的方法的人真是少之又少。大多數的人都在無意中在自己前進的康莊大道上設置了一些障礙，比如有的態度不好，有的缺乏機智，有的不善於待人接物，常常使一些有意和他深交的人感到失望。

有些人開始經商時，常常有著這樣的看法，即認為一個人的信用是建立在金錢基礎上的。一個有錢、有雄厚資本的人，就有信用，其實這種想法是不對的。與萬貫財富比起來，擁有高尚的品格、精明的才能、吃苦耐勞的精神要高貴得多。

任何人都應該努力維持自己良好的名譽，使人們都願意與你深交，都願意竭力來幫助你。一個明智的商人一定要把自己訓練得十分出色，不僅要有經商的本領，為人也要做到絕對的誠實和坦率，在決策方面要培養起堅定而迅速的決斷力。

有很多銀行家非常有眼光，他們對那些資本雄厚，但品行不好、不值得人信任的人，絕不會放貸一分錢；而對那些資本不多，但肯吃苦、能耐勞、小心謹慎、時時注意商機的人，他們則願意慷慨相助。

銀行信貸部的職員們在每次貸出一筆款項之前，一定會對申請人的信用狀況審查一番：對方生意是否穩當？能否成功？只有等到覺得對方實在很可靠，沒有問題時，他們才肯貸出款項。

任何人都應該懂得：人格是人一生最重要的資本。要知道，糟蹋自己的信用無異於在拿自己的人格做典當。

羅賽爾・賽奇說：「堅守信用是成功者的最大關鍵」。一個人要想贏得人家的信任，一定要有極大的決心，花大量的時間，不斷努力才能做到。

如何獲得別人的信用呢？以下幾點可供借鑑：

第一，必須注意自我修養，善於自我克制，做事必須誠懇認真，建立起良好的信譽；應該隨時設法糾正自己的缺點；行動要踏實可靠，做到言出必有信，與人交易時必須誠實無欺——這是獲得他人信任的最重要條件。

第二，一個想要獲得他人信任的人，必須老老實實做出業績來讓人看，證明他的確是判斷敏銳、才學過人、負責務實的人。一個才能平平的人把多年的儲蓄都拿來投資到事業上固然是很好的事情。但如果他在某一方面有所專長，他給人留下的印象更不知道要好多少倍。因為在這樣一個企業和職業都專業化的時代，一個無所專長、又樣樣都懂一點的人，與那些在某一領域有所專長的人相比，總是競爭力不夠。所以，如果一個人身上有一筆最可靠的資本——在某一領域有所專長，那麼無論他走到哪裡，都將受人格外的重視。

第三，一個人要想成功，更需要一種最可貴的資本——良好的習慣。世界上本來有良好的習慣的人遠比那些沾染了各種惡習的人容易成功。已有不少人快跨入成功的門檻，但是因為有一些不良的習慣，使得人家始終不敢對他抱以信任，他的事業因此而受阻於中途，無法再向前發展。那些沾染了各種惡習的人，大都自己是不太清楚的，但那些與他有所交往、有業務往來的人卻看得很清楚，因為他們大多是很看重這些問題的。

一個人的習慣會影響到他的品格，進而影響其日後的發展。有些人原本品格優良，但後來因為沾染了某種惡習，結果再也沒有出頭之日。很多年輕人一開始不會注意自己的習慣，覺得那只是無關緊要的小事。但是，久而久之，他可能會因為一些惡習而為人所排擠，到時候他可能會懊悔起來，開始反思：真沒想到那樣隨便玩玩也會成為改不了的癖習。但是，懊悔又有什麼用呢？

一個有志成就一番事業的人，為了自己的前途，無論如何都要抵制不良的誘惑，在任何誘惑面前都要堅定決心、不為所惑。他必須永遠善於自我克制：不飲酒、不參與賭博、不弄虛作假、不因為毫無意義的投資而舉債。他的娛樂應該是正當而有意義的。否則，只要稍動邪念，可能一下就毀掉自己的信用、品格和成功。

如果去仔細分析一個人失敗的原因，就可知道多半是因為那人有著種種不良的習慣。

一個人要想加強自己的信用，並非心裡想著就能實現，他一定要有堅強的決心，以努力奮鬥去實現。只有實際的行動才能實現他的志願，也只有實際的行動才能使他有所成就。

也就是說，要獲得人們的信用，除了一個人人格方面的基礎外，還需要實際的行動。任何一個年輕人在剛跨入社會做事時，絕對不會無緣無故立即得到別人的信任。他必須發揮出所有力量來，在財力上建立穩固的信用，在事業上獲得發展、有所成就。然後，他那優良的品行、美好的人格總會被人所發現，總會使人對他產生完全的信任，他也必定能走上成功之路。

社交場所裡，人們最注意的不是那個成功者的生意如何興隆，是否日進斗金；他們最注意的往往就是那個人是否還在不斷進步，他的品格是否端正，他的習慣是否良好，以及他創業成功的歷史、他的奮鬥過程。」

很多人都沒有注意到：越是細小的事情，也就越容易給人留下深刻的印象。

要獲得他人的信任，除了要有正直誠實的品格外，還要有敏捷、正確的做事習慣。即使是一個資本雄厚的人，如果做事優柔寡斷、頭腦不清，缺乏敏捷的手腕和果斷的決策能力，那麼他的信用仍然維持不住。

一個人一旦失信於人一次，別人下次再也不願意和他交往或在貿易上有所往來。別人寧願去找信用可靠的人，也不願再找他，因為他的不守信用可能會惹出許多麻煩來。

在平時的人際交往過程中，人的第一印象往往是最深刻的。所以，我們一定要注意自己的第一印象。如果一個人能做到與人初次見面就達到一見如故的印象，那可真是難人可貴。

成功希望最大的人倒不是那些才華橫溢的人，而是那些最能以親切和藹的態度給人以好感的人。通常，教師認為最有前途的學生往往就是那最能博得他歡心的孩子；老闆認為最稱心滿意的員工，也就是那最能投合自己心理的人。

人類彷彿有一種共同的心理，那就是如果有人能使我們感到高興喜悅，即使事情與我們的心願稍有相背，也不太要緊。

我們生活中的許多例子都可以證明，能博得人的歡心，獲得人的信任，是為人處世必不可少的。要想博得人們的歡心、獲得人們的信任，首先就是要有令人愉悅的態度，臉上要時時帶著笑容，行動要輕快敏捷。無論你內心中是否快樂，但如果人們從你的臉上看不到一點笑容，那麼誰也不會對你產生好感。

與人溝通，最好要少說自己的身世、自己的遭遇和喜惡，你應該學會做一個傾聽者，常常流露出對別人的談話興趣，能仔細聆聽對方說話。這樣做對你毫無損失，而你所表現出的對別人的同情，卻是他們心中最心愛、最重要的禮物。

任何事業要成功都需要持之以恆，同樣，要獲得別人的信任也是如此。良好的態度要從一而終，千萬不要今天扮了一天笑臉，明天難以自制而故態復萌，顯露出粗俗急躁的本性。

一個志向高遠、決心堅定的人，做任何事情都會有始有終，而不會半途而廢，否則，絕難獲得人們的信任。

☞ 任何以欺騙手法所得到的名聲，只能騙人一時，無法騙人一世，要知道聰明反被聰明誤。所以做事情要講究信譽，這樣才能更利於自己的發展。

19 專注才能集中力量

專注有兩個重點：一是讓你的頭腦冷靜下來；二是把握現在。這不僅是做人必備的，也是做事必備的。

在荷蘭，有一個初中畢業的年輕人，來到一個小鎮上謀生，找到了一份替鎮公所看顧大門的工作。一直工作了六十幾年，他的一生都沒有離開過這個小鎮，也沒有換過工作。

他在這個大門守衛的工作崗位上也許是工作太清閒，他又太年輕，需要打發時間。他選擇了又費時又費工的打磨鏡片作為自己的業餘嗜好。

就這樣，他磨呀磨，一磨就是六十年。

他是那樣地專注和細心，技術已經超過專業技師了，他磨出複合鏡片的放大倍數，比別人的都要高。借助他研磨的鏡片，他終於發現了當時科技界尚未知曉的另一個廣闊的世界——微生物世界。

從此，他聲名大振，只有初中畢業的他，被授予了在他看來是最高榮譽的巴黎科學院院士的頭銜。就連英國女王都到小鎮拜會過他。

創造這個奇蹟的小人物，就是在科學史上卓有成就、活了九十歲的荷蘭科學家萬•列文虎克，他仔仔細細地把手頭上的每一塊玻璃片磨好，用盡畢生的心血，專注地致力於每一個平淡無奇的細節使它更加完善，終於他在他的細節裡看到了他的世界，科學也在他的細節裡看到了自己更廣闊的前景。

日常生活中，事情再多，也要一件事一件事地做，做任何事時都不可半途而廢，也不可一心二用，全力做好一件事之後再做下一件，這樣工作一定能做好。

人的精力和時間都是有限的，集中精力於某一項，就容易把事情做好，如果把自己的精力分散到許多方面去，結果肯定不樂觀，古人比喻說：十隻手指頭按九隻跳蚤，結果一隻也按不住。

專心致志，求精求深，這也是智慧嗎？跟那些朝三暮四，好高騖遠，大事做不來，小事又不做，終日無所事事，無所作為的人來比，那不是智慧又是什麼？

有人把勤奮比做成功之母，把靈感比做成功之父，認為只有兩者結合起來人才才能產生。而專注則是勤奮必不可少的伴侶。專注使人進入忘我境界，能保持頭腦清醒。

怎麼才能培養做事專注的習慣呢？以下幾點建議可供借鑒：

不要被別人獲得的成就所誘惑——因為做事業，最忌見異思遷，造成見異思遷的原因很多，其中的一個原因就是為了別人的某些成功所動搖。正確的做法是認定自己的目標，執著地追求成功。

不要因失敗而動搖決心——許多人一做起事來就急功近利，這種心情是可以理解的。

但過於急切地盼望成功，反而會造成負面的效果。事實上，做任何事情都必須要循序漸進，成功也就會水到渠成。

英國作家約翰·克禮西開始寫作時，遭退稿七百四十三篇，但這並沒有動搖他的信念和決心。他堅持不斷的寫下去，終於獲得了成功，他的一生中出版了五百六十多本書。如果他因為七百多篇退稿而退卻下來，也就不會有後來的成就了。

要有肯下苦功的精神——當我們有了努力的目標，堅持下去，一切的阻擋都將不存在。

有些人對愛因斯坦在物理學領域的傑出貢獻羨慕不已，卻很少想到他用掉了多少的的演算紙；有些人對NBA球員的傑出球技津津樂道，卻很少去想到他們究竟流了多少汗水。因此，千萬不要光羨慕別人的成果，要肯下苦功夫才行。

我們每個人都是透過自己的努力奮鬥來獲得生存和發展的權力，你無法停下來，因為只要停下來，就將會被企業所淘汰；一個企業停下來，它將被社會淘汰；而一個國家停下來，它將被世界所淘汰。生存競爭，這正是促進人類社會不斷進步的原動力。

☞ 專注才能集中力量，專注才能深挖深掘，哪怕再簡單的事物，專心深入研究，也會有收穫。很多人成功的關鍵在於看準一件小事就緊盯不放，深入研究，努力從中尋求突破，創造效益。

20 微笑真誠好做事

在與對方接觸前，人們大都會根據對方的職業和社會地位，即對方的身分產生相應的期望。比如對方是政治家，就會推測他一定喜歡高談闊論；對方是推銷員，則會反覆強調自己推銷的產品，如何性能優良。

但透過接觸，當對方出乎意料地表現出高於你期望以上的言行舉止時，如政治家在沒有媒體的拍攝下主動的清掃街道，推銷員對你說他的產品也有某些缺點時，你會產生對他比其他同行的人更誠實的感覺，因而對他產生強烈的信賴感。那如何留下誠實可靠的好印象呢？首先，是微笑。

在一次宴會上，賓客中有一位繼承了一大筆遺產的婦人，她渴望讓所有人留下美好的印象。她用自己的財產買貂皮、鑽石和珠寶，把自己裝扮的雍容華貴，但她沒注意到自己臉部易於激動和自私的表情。其實她並不瞭解每個男人的一致看法是：一個女人的臉部表情要比她的服飾更加重要。

紐約一家大商店的負責人說：一個高中沒有畢業但帶有甜蜜微笑的女孩子能很快被雇用，而一個愁眉苦臉的哲學博士卻困難得多。

如果你心裡不想笑，那怎麼辦？首先必須迫使自己笑。如果就你一個人，那就先開始吹吹口哨或哼哼歌曲。用這種方法控制自己，彷彿你很幸福，於是你就真覺得自己是幸福的人了。

十九世紀末二十世紀初美國著名的心理學家、詹姆斯說過：「似乎行動隨感情而生，其實行動和感情是互相聯繫的。絕大多數控制行動的是意志而不是感情，我們可以間接地控制非意志決定的感情。那麼，為了讓人感到精神振作，你必須表現出精神振作的樣子。」

如果你按照上面方法做了，你將永遠受到熱情的接待。

其次，是對別人感興趣。一個對周圍的人真誠而感興趣的人，他兩個月結交的朋友比另一個力求使周圍的人對他感興趣的人兩年結交的朋友還要多。

不過，我們知道有一些人一生都在努力使別人對他感興趣，而他們自己對誰也沒表示過任何興趣。當然，這不會有什麼結果。人們對你和我都不感興趣。他們首先對他們自己感興趣，紐約電信公司為調查每個人的通話中，使用次數最多的是哪個詞，所以詳細的調查了人們的通話內容。你猜是哪個詞？這個詞就是第一人稱代詞「我」。「我」字在五百次通話中被使用了三千九百次。

當你在看你與別人的合影照的時候，你首先看的是哪個人？

如果你認為人們對您感興趣，那請你回答下面這個問題：「假如你在今天晚上死了，有幾個人會來參加你的葬禮？」如果你對別人不感興趣，為什麼別人要對你感興趣？如果我們只努力使人們對我們感興趣，那我們在任何時候都會找不到真正真誠的朋友。真正的朋友不是只會關心自己的人。

著名的魔術師霍瓦特・土斯頓，四十年來他走遍了全球。他的魔術令觀眾目瞪口呆，有六千萬個觀眾看過他的表演，他賺了近二百萬美元。

當有人請求土斯頓披露他成功的祕密時，他說，魔術書有上百種，人們讀的書並不比他少。但是，土斯頓有兩個常人沒有的優勢：

第一，他善於在臺上表演。他是一個技藝非凡的演員，深知人的本性。每一個手勢、語調、微笑都經過了詳細的研究。

第二，土斯頓對人們真正感興趣。很多魔術師看著觀眾，心裡自言自語：「來的都是些頭腦簡單的人，看我隨便玩弄他們。」土斯頓完全持另一種觀點。他每次出場，都這樣對自己說：「我感謝這些來看我演出的人。靠他們的幫助，我的生活才有了保障。我將盡力為他們來表演。」

當你求人辦事時，同樣要表現出真誠，對所求的問題實事求是，不言過其實。人們大都有過這樣的經驗，在買東西時，對高聲叫賣、大力宣傳自己的產品是最好的商人，總是抱有懷疑的態度，不敢輕易買他的東西，生怕上當受騙，而提供真實可靠的資訊，正視自己的短處，就可能打消被勸說者的懷疑態度，縮短兩者之間的心理距離，使結果比較滿意。

☞做任何事，或求別人幫忙時，不可不笑，不能不誠。

行動比語言更富有表現力，而微笑似乎在說：「我喜歡你，你使我幸福，我很高興看見你。」裝出來的笑容只能使人感到厭惡。而真誠的微笑——使人感到溫暖，發自內心的微笑則能給人留下美好的印象。

21 機遇無處不在

世界上許多事業有成的人，不一定是因為他比你聰明，而僅僅因為他比你更懂得細緻入微的觀察事物。

米查爾・安格魯是一位著名的雕塑家。有一天，安格魯在自己的工作室中向一位參觀者解釋為什麼自從他上次參觀後自己一直忙於同一個雕塑的創作。安格魯說：「我在這個地方潤了潤色，使那兒變得更加光彩些，使面部表情更柔和了些，使那塊肌肉更顯得強健有力，然後，使嘴唇更富有表情，使全身更顯得有力度。」

那位參觀者聽了不禁說道：「但這些都是些瑣碎之處，並不引人注目啊！」

雕塑家回答道：「情形也許如此，但你要知道，正是這些細小之處使整個作品趨於完美，而把握好一件作品，完美的細節可不是件小事情啊！」

那些成就非凡的人總是於細微之處用心、於細微之處著力，不斷地追求完美，這樣日積月累，才能漸入佳境、出神入化。

弗里德里克出生於美國舊金山的一個中產階級家庭，少年時期便夢想成為一個成功的商人，但一直沒有什麼太好的機遇，所以他的心中也時常顯得焦躁不安。

在一個很偶然的機會裡，他發現，常常被人們廢棄的冰塊的用途實際上是非常廣泛的。它最普遍、最大眾化的用途就是食用。冰塊加入水中，或者化為水，就可以成為冷飲，他發現在氣候炎熱的地方，這種飲料一定會有廣闊的市場。

弗里德里克由此看到了一個潛在的商機。但是，他發現現在自己的當務之急，是改變人們的飲用習慣，用冷飲取代人們長期以來所習慣的熱飲，創造出另一種冷飲流行的市場局面，才可能使冰塊銷售業務有長遠的發展。

於是，弗里德里克開始不斷地研發創新口味。他試著利用冰塊做各式各樣的冷飲，並將冰塊加入各種酒中勾兌出各種口味的雞尾酒。經過多次試驗，他終於試製出適合於多數人飲用的冷飲。

實驗成功之後，他又繼續開始思索怎樣才能讓冷飲成為一種時尚，成為一種人們趨之若鶩的消費傾向，而不靠自己挨家挨戶地去推銷產品呢？

漸漸地，他觀察到人們在一般情況下只是在酒店或者熱飲店裡喝飲料或酒。到了夏天天氣炎熱的時候，這些酒店生意都不太好，老闆也為此煩惱不已。於是，他決定從酒店著手，引領傳播自己創造的時尚。

開始時，他免費提供冰塊給一些小酒店，並且教他們用冰塊去做各種冰鎮飲品及勾兑各種雞尾酒。因為這些冷飲在炎熱天氣下有解暑降溫的作用，經冰鎮過的各種液體又會變得十分可口，這些飲料便立即在各個地方，尤其是那些氣溫高而又缺水的地區率先風靡起來。

於是，許多店家開始紛紛仿效他的做法，大量購買冰塊製作冷飲。

弗里德里克也不失時機地自己經營了一家冷飲店，專營冷飲。一時間，冷飲蔚為風潮，人們漸漸改變了以往只喝熱飲的習慣，學會了在夏天裡飲用冷飲止渴。於是，冷飲開始在全國各地廣泛地流行起來，成為一種新型的飲料流行時尚。

冷飲的風行大大地帶動了冰塊的銷售，一切都如弗里德里克所預料的那樣，冰塊的銷售業績得到了空前未有的銷售成績，弗里德里克的一番努力終於使冰塊的市場充分被發掘，他的心開始穩定下來，事業也逐漸從起始的艱難中走出來，開始慢慢向成功的高峰前進。

抓住機遇就意味著成功，但是商機往往蘊涵在小的細節上，懂得培養自己「觀察入微」的習慣，定能在商場上把握契機。

人們總認為偉大的發明家總是論及一些十分偉大的事件或偉大的奧祕，其實像牛頓和楊格以及其他許多科學家都是研究一些極普通的現象，他們的過人之處在於能從這些一般人所共見的細小現象中，揭示其內在的、本質的聯繫。

心靈比眼睛看到的東西更多。那些沒頭沒腦的凝視者只能看到事物的表像。只有那些富有理解力的人才能穿透事物的現象，深入到事物的內在結構和本質之中去，細緻入微地觀察它們才能看到差別，進行比較，抓住潛藏在表像後面的更深刻、更本質的東西。

在伽利略之前，很多人都看到懸掛著的物體有節奏地來回擺動，但只有伽利略從中做出了有價值的發現，比薩教堂的一位堂守在給一盞懸掛著的油燈添滿油之後，就離去了，聽任油燈來回蕩個不停。伽利略，這時是一個十八歲的年輕人，他發現油燈有規律的蕩來蕩去，由此想出了一個計時的想法。

此後，伽利略經過五十年的潛心鑽研，才成功地發明了鐘擺，這一項發明對於精確地計算時間和從事天文學研究具有十分重大的作用。即使在今天，它的價值和作用也是難以計算的。

有一次，伽利略偶然聽到一位荷蘭眼鏡商發明了一種儀器，借助於這種儀器，能清楚地看清遠方的物體。這吸引伽利略認真研究這一現象背後的原理，並促使他成功地發明了望遠鏡，進而奠定了現代天文學的基礎。

以上這些發明絕對不可能由那些漫不經心的觀察者或無所用心的人創造出來。

開普頓·布朗先生一直在潛心研究橋梁的結構問題，當時要在他家附近的特威德河上建一座大橋，開普頓一直在構思如何設計一座造價低廉的大橋，畫出比較理想的圖紙來。在初夏的一個早上，晨露未乾，他正在自家的花園裡散步，突然他看到一張蜘蛛網橫在路上。他突然靈感大發，一個想法湧上心頭。鐵索和鐵繩不正可以像蜘蛛網一樣連成一座大橋嗎？結果他發明了舉世聞名的懸索大橋。

詹姆斯·沃特一直在思考如何在克來迪這個地方鋪設地下輸水管道，

這地方河流縱橫，河床情形千差萬別，他絞盡腦汁仍無法想出一個理想的方案。有一天，他偶爾看到桌上一隻龍蝦的殼，由此他受到了啟發。他設計了一種類似龍蝦形狀的鐵管，鋪好之後，果然解決了以前沒有辦法解決的難題。

伊茲貝德・布約爾設計著名的托馬斯隧道的靈感則是觀察微小的船蛆的結果。他發現這種小小的動物用自己全副武裝的頭部首先朝一個方向鑽孔，然後朝另一個方向鑽一個孔，再鑽出一個拱道，這是第一道程序。第二步是在洞的頂上和兩邊塗上一層滑滑的東西。布約爾受到船蛆的啟發。他把船蛆的操作過程及其方法細細加以研究，終於得以建好他的掩護支架，並完成他那項偉大工程。

只有那些潛心仔細觀察的人，他們的眼睛才能發現一些看來毫無用處的細微東西所包含的價值和意義。海草在深藍的大海中輕輕飄忽，焦急不已的船員們一直在為沒有找到新大陸而煩惱，他們正在計劃一場謀反。哥倫布告訴他們：海草告訴我們，新大陸離我們已經不遠！一場騷亂就在這輕描淡寫的一句話中化為烏有。船員們的信心大增。成與敗，險惡與平安有時轉化起來就是如此容易，但沒有敏銳的洞察力、不具備淵博的知識就不可能化險為夷。

注重觀察細微之處並發現其內在價值，這是許多商人、藝術家、科學家以及其他偉大人物的成功之道。於細微之處見精神，這也是他們的過人之處。

當富蘭克林發現閃電現象與電的一致性時，有人譏諷他說：「這有什麼用呢？」對此，富蘭克林回答說：「小孩子有什麼用呢？但他會成為一個有所作為的大人。」義大利物理學家伽凡尼觀察到當青蛙的腿接觸不同的金屬製品時都會驟然抽動一下。沒有人想到正是這一微不足道的發現導致一項重大發明的出現。伽凡尼由此受到啟發，進而產生了發明電報的想法，電報的發明使整個大陸迅速聯繫起來，由此引起電訊方面的一系列重大變革。

今天，通訊技術已絕非過去所能比。但誰曾想到，造成一個時代發生如此偉大變革的發明竟然是始於一個如此簡單的「觀察」。從地下挖出來的小小石塊或化石，平凡而不起眼，但由此卻產生了一門新的科學——地質學。人們憑藉地質學的知識，透過識別一塊小小的礦石而投資開礦，有多少錢財就源源不斷地從礦山中流了出來。

一切偉大的事情都是源於微小的事物，善於發現、善於思考才能成就大的事業。

☞

不要總是抱怨機會沒有垂青於你，只要注意生活中的細微之處，你就會發現機遇無處不在，你就會成就自己的大業。

22 先給別人一點成就感

有時候，開口就把所求之事告訴對方，一旦被對方回絕，便沒有了迴轉的餘地。不妨嘗試著用「順便提起」的說話技巧，好像不經意間說出來，讓對方不知不覺中答應下來。

美國《紐約日報》總編輯雷特身邊缺少一位精明幹練的助理，他便把目光瞄準了年輕的約翰。而當時約翰剛從西班牙首都馬德里卸除外交官一職，正準備回到家鄉伊利諾州從事律師職業。

雷特請他到聯盟俱樂部吃飯。飯後，他提議請約翰到報社去玩玩。從許多傳真中間，他看到了一條重要消息。那時恰巧處理國外新聞的編輯不在，於是他對約翰說：「請坐下來，幫明天的報紙寫一段關於這消息的社論吧！」約翰自然無法拒絕，於是提起筆來就寫。

社論寫得很棒，於是雷特請他再幫忙約一個星期、一個月，漸漸地乾脆讓他擔任這一職務。約翰就這樣在不知不覺中就放棄了回家鄉當律師的計劃，而留在紐約做新聞記者了。

由此可以得出這樣的做事規律：央求不如婉求，勸導不如誘導。

在運用這一策略的時候，要注意的是：誘導別人參與自己事業的時候，首先應當引起別人的興趣。

當你要誘導別人去做一些很容易的事情時，先得給他一點小成就。當你要誘導別人做一件重大的事情時，你最好給他一個強烈刺激，使他對做這件事有一個想要成功的渴望。在此情形下，他的好勝心被激起來了，他已經被一種渴望成功的意識刺激了，於是，他就會很高興地為了愉快的經驗再嘗試一下。

凡是領袖人物，都懂得這是取得合作的重要策略。但有的時候，常常要費盡心機才能達成這個策略，有時候又很順利。像雷特邀請約翰一事，他就只是稍許做了些安排。

☞ 要引起別人對你所做之事的熱心參與，必須先誘導他們嘗試一下，可能的話，不妨讓他們先從容易的事入手，這些容易完成的事情，在他們看來，往往是一種令人興奮的成就感。

23 做好每件小事

世間萬物無不是由小或積、或延、或變而來的，這樣的道理人人皆曉。然而，如今仍有人無視於他身邊的小事，仍不相信那些「沒什麼大不了」的小事，對於造就一個成功者具有極大的重要性。

日本有句諺語：「嘲笑一塊錢的人會為一塊錢而哭泣。」是在告訴人們，想要成就大事，就必須從小事做起。因為，想要成就任何一件大事都需由每一件小事發展起來的。

美國商人斯太菲克本是一個退役軍人，在醫院療養期間，他讀了《思考和致富》一書，深受啟發，他很想依書中的例子，透過自己的思考變成一個有錢人。

躺在醫院的床上，他絞盡腦汁，夢想著未來的創業方向：創辦一個電腦公司、開辦一所療養院、與別人合夥開個廣告公司、建立一個電視臺……他為自己的種種想法興奮不已。

可是，他很快就高興不起來了，因為他發現他想要做的事情雖然都是很實際的想法，但能在短時間內實現的可能性極小，自己連起碼的資金都沒有。

輾轉反側之際，他意識到自己應該先從小事著手，等到把資金籌夠了再做大生意也不遲。

一天，護士給他送來了洗好的衣服。衣服是送到洗衣店裡去洗的，洗衣店洗好熨燙好以後由護士幫忙領回來。看到疊得整整齊齊的衣服，斯太菲克的眼睛一亮。原來，洗衣店總是把燙好的衣服折疊在一塊硬紙板上，以保持衣物的硬度，避免弄皺。

正是這塊紙板使斯太菲克點燃了智慧的火花。他想到了一個好主意。

他寫了信給洗衣店，得悉這種襯衣紙板每千張的價格需要四美元。他想以每千張一美元的價格出售紙板，但要在每張紙板上刊登廣告。登廣告的人所付的費用歸他所有。

這件事在許多人看來是一件小得不能再小的事情，誰會在意每千張紙板才一美元的生意呢？斯太菲克的朋友甚至諷刺他說：「如果你不是做生意的材料就認了吧！走在馬路上說不定一天也不止撿到一美元。」但斯太菲克卻不是這麼想，他知道自己還有更遠大的目標，但是無論什麼樣的目標都必須先打好基礎。

出院後，他就把全部精力付諸於行動，把計劃中的事情化為實際的行動力。

過了一段時間，斯太菲克的客戶越來越多，他自己也累積了一些經驗，此時，他決定把生意做得再大一些。

他發現襯衣上的紙板一旦被撤除後，就不會被洗衣的顧客所保留。怎樣才能使顧客保留登有廣告的紙板呢？他又想出了一個新辦法：在襯衣紙板的一面印廣告，另一面印上有趣的兒童遊戲或食譜、謎語、諺語、小常識等。

這一招果然奏效。許多家庭主婦不等衣服穿髒了就又送到洗衣店去洗。洗衣店一看生意多了起來，也很高興，更是願意訂購斯太菲克的紙板，因此，斯太菲克的生意也跟著越做越大。

☞ 想成功就得從那細小的萌芽開始生長，就得從那一撮泥土築起，就從此時此刻開始，從堅實的土地上邁步，一步一腳印地向前走。請記住：連小事都做不好的人，大事也肯定做不好！

▶ 山不轉路轉：做自己的人生軍師 （讀品讀者回函卡）

■ 謝謝您購買本書，請詳細填寫本卡各欄後寄回，我們每月將抽選一百名回函讀者寄出精美禮物，並享有生日當月購書優惠！
想知道更多更即時的消息，請搜尋"永續圖書粉絲團"

■ 您也可以使用傳真或是掃描圖檔寄回公司信箱，謝謝。
傳真電話：（02）8647-3660　　信箱：yungjiuh@ms45.hinet.net

◆ 姓名：　□男　□女　□單身　□已婚

◆ 生日：　□非會員　□已是會員

◆ E-Mail：　電話：（　）

◆ 地址：

◆ 學歷：□高中及以下　□專科或大學　□研究所以上　□其他

◆ 職業：□學生　□資訊　□製造　□行銷　□服務　□金融
□傳播　□公教　□軍警　□自由　□家管　□其他

◆ 閱讀嗜好：□兩性　□心理　□勵志　□傳記　□文學　□健康
□財經　□企管　□行銷　□休閒　□小說　□其他

◆ 您平均一年購書：□ 5本以下　□ 6～10本　□ 11～20本
□ 21～30本以下　□ 30本以上

◆ 購買此書的金額：

◆ 購自：　市(縣)
□連鎖書店　□一般書局　□量販店　□超商　□書展
□郵購　□網路訂購　□其他

◆ 您購買此書的原因：□書名　□作者　□內容　□封面
□版面設計　□其他

◆ 建議改進：□內容　□封面　□版面設計　□其他
您的建議：

剪下後傳真、掃描或寄回至「22103新北市汐止區大同路三段194號9樓之1讀品文化收」

廣 告 回 信
基隆郵局登記證
基隆廣字第 55 號

2 2 1-0 3

新北市汐止區大同路三段 194 號 9 樓之 1

讀品文化事業有限公司　收

電話/(02)8647-3663　傳真/(02)8647-3660

劃撥帳號/18669219　永續圖書有限公司

請沿此虛線對折免貼郵票或以傳真、掃描方式寄回本公司，謝謝！

讀好書品嘗人生的美味

山不轉路轉：做自己的人生軍師